藏傳法王—格魯派

# 達賴喇嘛前傳

珂蘿德‧勒文森（Claude B. Levenson）◎著　　黃馨慧◎譯
凱度頓珠◎圖片提供

# Le Dalai Lama

拉薩城邊的奇楚河（黃丁盛攝）

# 目次

# 我的叔叔達賴喇嘛

我以雙重身分來撰寫這篇序言：其一是身為西藏人，其二是身為達賴喇嘛姪兒。作為家族的一份子，一九五九年，我曾親眼見證達賴喇嘛戲劇性地流亡至印度。而家父對此次逃亡行動參與甚深，當時他安排一些同胞與流亡組織聯繫。

## 達賴喇嘛的早年生活

幼年時，我曾聽祖父提及許多早年在青海塔澤和西藏拉薩時的故事。與我們同住多年的祖母，也敘述了她所有的故事，包括她年輕時期的生活，還有促成她結婚的種種事件，以及如何得知兒子確實是第十四世達賴喇嘛等等。

本書作者珂蘿德·勒文森(Claude B. Levenson)深入研究了達賴喇嘛的早年生活，她告訴我們當今的達賴喇嘛是如何造就出來的，這一點對於理解達賴喇嘛而言非常重要。珂蘿德·勒文森詳盡地蒐集了那段混亂時期的資料：從達賴喇嘛被選出、在拉薩即位，以及最後流亡至印度的整個過程。她精確地按年代記錄了那段史實，同時也揭露了西藏早期的歷史。

## 向世界傳遞西藏的訊息

從一九五九年流亡印度到現在，已過四十六年；如今，「達賴喇嘛」是世界性的名人，透過他，西藏的問題幾乎舉世皆知。

最近他訪問了墨西哥，雖然有來自中國的壓力，墨西哥人民仍然歡迎他。在北墨西哥的Iberoamericana大學，一所有一萬名學生的天主教學校裡，許多學生臉頰上帶著淚水，唱著「達賴喇嘛，我們愛您」，歡迎這位西藏領袖。此時學校的教務長荷西·莫雷利斯·歐羅茲柯（Jose Morales Orozco）一路陪同他到Sanchez Villasenor大禮堂，並頒給他「為人類服務」的榮譽博士學位。

達賴喇嘛在這所大學所發表的演講中，表達了他的信念：必須重視心智和心靈的教育。他主張，一個心懷善意的人，應能以積極正面的方式運用其才智。Iberoamericana 大學是達賴喇嘛在墨西哥訪問過的第二所學術機構。

稍早，他曾在墨西哥國立大學為一千兩百名教職員與學生演講，並接受墨西哥國立大學頒贈的金質獎章，這是他們向訪客致敬的最高榮耀。同一天，墨西哥市市長給予達賴喇嘛國家貴賓的禮遇，並舉辦一場招待會，邀請一百位特別來賓和一百位媒體記者蒞臨。在招待會結束後，達賴喇嘛還拜訪了國會議員團體，並對下議院大約四百五十位成員發表演講。

以上實例說明了達賴喇嘛典型的一日行程，以及他傳遞給世界的訊息。作為宗教領袖和六百萬西藏人民的領導者，他已逐步建立了敬重與尊嚴。

## 西藏的過去、現在與未來

幾世紀以來，西藏一直是個獨立的國家。她的人民是一個獨特的民族，不論語言、文化皆迥異於漢族。西藏向有「世界屋脊」之稱，這片廣大神祕的土地不只是地理上的世界屋脊，也是人類文化、精神文明的屋脊。

西藏是典型的高地文明，半牧半農。約於一千年前，西藏就已接受了佛教。藏傳佛教結合了大乘佛教、小乘佛教和密宗的修行，使其成為佛教最完備的形式。因此，達賴喇嘛被藏民視為西藏的宗教性領導人，也被全世界許多佛教徒尊為具有最高權威的佛教領導者。

從種族學來說，西藏學家和體質人類學家證實，不能把西藏人視為中國民族的一支。西藏人隸屬於一個頗具歷史的高大人種：Proto-Nordic，他們高大、長頭顱、大骨架，與漢族大不相同。而西藏的文化、習俗和傳統，皆不同於中國，所以是一個獨立的種族。

歷史資料清楚地顯示，從西元七世紀起，西藏即是一個可以協商國際條約的主權國家。中國主張西藏是中國一部分，這是毫無根據的；也沒有任何歷史證

據，顯示西藏人樂意接受中國對西藏的管制權或宗主權。在歷史上，西藏曾與中國、尼泊爾及印度締結條約，也曾在一九〇四年與大英帝國訂定條約。西藏具備所有主權民族國家的必要條件。

雖然如此，一九五九年，西藏仍遭到中國共產黨的侵略。北京當局宣稱西藏是中國的一部分，中國人民解放軍進軍西藏，是把西藏人從外國的帝國主義者手中解放出來。從一九五〇年的佔領(或所謂的「和平解放」)之後，就有超過二十五萬的人民解放軍駐紮在西藏。而從一九五九年起，西藏就一直在戒嚴令控制之下。人民解放軍的用途，在於讓北京完全控制西藏。任何起義——包括一九五九年、以及晚近的一九八七至一九八九年起義，都被強大的武力所擊潰。

為了把為數僅六百萬的西藏人口削弱成少數，北京當局鼓勵大量漢人移入西藏，好讓兩族人口比例相同。北京當局即藉由此種策略，將漢人以外的民族(如西藏人和蒙古人)矮化，以便將其變成國內的少數民族。因此，為了控制西藏，北京當局更進一步建造青藏鐵路，目前已到完工階段。這條路線會讓漢族人口更大量地湧入西藏，更會加速兵員與補給進入西藏的運輸速度。這條鐵路也會讓現今已經十分脆弱的環境生態更加不平衡。

一九七九年，北京當局的領導人鄧小平開始與達賴喇嘛對話。當時有許多代表團為了發掘事實而來到西藏，讓他們大為震驚的是一幅黯淡的景象——過去二十年來，西藏人在各種生活層面上所遭受的苦難。從飢荒、囚禁、逮捕、酷刑、完全的種族屠殺到對每一項人權的侵犯，在整個西藏隨處可見。

鄧小平知道一九五〇到一九七九年間西藏內部的狀況，他應該要為這一連串侵略、佔領西藏而負責。不過，他認為西藏問題的關鍵在達賴喇嘛，如果解決了達賴喇嘛的問題，西藏問題也會迎刃而解。其實，鄧小平不明白西藏問題不只在於達賴喇嘛。他沒有誠意解決西藏問題，所以，他的策略失敗了。這第一輪的對話徹底失敗，因為雙方唯一的共識，就是對每件事都沒有共識，彼此也無法形成互信。

　　所有西藏人的希望燈塔，在於國際間對達賴喇嘛和西藏人的目的正當性給予肯定。從達賴喇嘛逃到印度之後，他就不屈不撓地為伸張西藏人的正義而努力。一九八九年，達賴喇嘛的努力，使得他獲頒諾貝爾和平獎。西藏人在道德立場上的正當性，已得到大量國際的支持與同情，這對中華人民共和國造成很大的壓力。隨著網路的普及，西藏的新聞和達賴喇嘛的相關消息，在一瞬間就能傳遍全世界。所以，讓中國人民了解在將近半世紀以來，他們的政府對西藏人是何等的不義而且這一切還在繼續是很重要的。

## 期盼在達賴喇嘛的帶領下，重回西藏

　　西藏在二十一世紀的正當主張，簡單地說，就是爭取西藏本身的生存權。西藏要對全世界傳達的訊息，已透過達賴喇嘛做了最佳的傳達。雖然，達賴喇嘛本人寧可被視為一位單純的佛教僧侶，但他的人格、領袖魅力，還有（最重要的）他所傳達的訊息所有信仰和種族都應彼此包容、保持慈悲對眾人而言，都將永垂不朽。

　　達賴喇嘛十四世──西藏的世俗與宗教領袖，對西藏內外的所有藏人來說，是永遠的代言人。西藏人渴望過自由的生活，他們難忘仍在西藏雪地上受苦的同胞。他們最大的願望，就是達賴喇嘛能長命百歲，並重回主權獨立的西藏故鄉。

　　第十四世達賴喇嘛已在流亡中度過大半的人生。他是他所珍愛的人民的官方流亡代表，只有在流亡中他才能暢所欲言。他也是一位名聲遠播的精神領袖，以長久的時間，於全世界各地提供指引。他最喜愛的其中一處訪問地，便是台灣，他喜愛台灣的人民，曾兩度訪問此地。

　　最後，我要說珂蘿德‧勒文森寫了一本非常忠於事實的書，揭露了流亡前達賴喇嘛人生中的社會與政治面向；為了對她的作品做一些補充，我從家族收藏裡提供了許多罕見的歷史照片。我恭賀她完成了這個價值非凡的作品。

凱度頓珠 Khedroob Thondup

二〇〇六年一月

第 1 章

# 喜馬拉雅的彼端，自由

喜馬拉雅山是藏人心裡故鄉的象徵。世世代代生活在此地的藏人，怎麼也沒想到，這山有一天變成了自由與不自由的分界；更沒想到有一天在他們心中尊貴無比的法王達賴喇嘛會離開布達拉宮，翻過山頭，移駐在印度的達蘭沙拉。你可以說這都是因為毛澤東，但是一個虔誠的佛教徒可能更會覺得這何嘗不也是佛陀在教我們學習體認無常呢！

喜馬拉雅山（黃丁盛攝）

　　一九五九年四月中旬，這天正是達旺（Tawang）寺[1]的大節日。這座佛寺高踞在印度阿魯納恰爾邦（Arunachal Pradesh）境內海拔三千公尺、遙遠得彷彿時間也靜止的山谷上，那些跳金剛神舞的喇嘛個個穿上最華美的服飾，巨大的筒欽和柄鼓向四面八方發出如雷貫耳的呼喚，鬧哄哄地還願祝禱，在偌大的殿堂裡沸騰著。

達賴喇嘛要回來了！在離開這麼久之後，儘管時局不利，藏傳佛教的最高領袖仍信守承諾，實現那個代代相傳的預言。只是這預言實現的時間實在太長了，甚至差點淹沒在遺忘的洪流中。

## 第六世達賴喇嘛的預言

打從十七世紀起，便一直約有五百名僧侶在這座遺世獨立的達旺寺出家。每天除了例行的勞動和打坐之外，他們之間還流傳著這樣一個故事：一個本地的六歲小孩，被當時的攝政第巴桑結嘉措認證為第五世達賴的轉世，在一六八九年時跟著他離開了。這孩子就是後來的第六世達賴倉央嘉措（Tsangyang Gyatso，意即「音律之海」），他是位詩人兼社會批評家，他那些不符法王身分的特殊行徑，不但為自己帶來許多麻煩，最後讓他遭到廢黜的命運。[2]

那孩子當時就住在達旺寺附近的烏堅林（Urgeling）村裡。臨行前，他依依不捨地走到達旺寺前的一株灌木旁，停下來說：「等到這棵樹的三根枝椏長到一般長時，我就會回來。」史官記住了靈童的話，並抄在一張羊皮紙上，用錦緞嚴密包好，收藏在藏經樓的一個壁龕裡。這卷子於是和其他各種深奧難懂的經書擺在一起，就如所有紀念物的遭遇一般，逐漸塵封於歲月之中。

● 右頁圖：1959年4月中旬，達賴喇嘛抵達在印度境內海拔三千公尺高的達旺寺。六世達賴喇嘛曾預言自己將回到此地，三百年後，這話果然應驗了。十四世達賴喇嘛的出亡看似倉皇而逃，卻又有如神話故事般應驗了這個傳說。等候在國境上的是未知的命運。他將告別過去尊貴的貴族生活，成為一個流亡政府的領袖，帶領數萬與他一起逃離西藏的難民，展開他們在新世界的奮鬥。

### 穿越重重險難的旅程

直到風起雲湧的二十世紀，當一九五九年三月拉薩動亂的消息傳來後，這個傳奇才又甦醒過來。在達旺寺，有些人突然注意到那棵弱不禁風的小樹，已有足夠的時間成長茁壯，只見一片茂密的枝葉中，那三根主要枝椏已長得同樣高了。所以，當達賴喇嘛開始走向邊界，並會在達旺寺停留的消息傳來，眾喇嘛一點也不訝異。

眾僧以最隆重之禮，歡迎這位二十四歲的年輕人。他和三百年前離開村裡的那個孩子之間，又隔了好幾次轉世，看起來截然不同。這一個月來，天津嘉措（Tenzin Gyatso）在極端險惡的情況下，歷經了一趟常人所無法承受的困頓之旅。他們的隊伍幾乎遇上了所有的考驗：狂風、暴風雪、傾盆大雨、嚴寒、沙暴、山崩、濕滑的羊腸小徑，以及一些大隘口上刺眼的陽光──彷彿連大自然也要傾巢而出，讓這條出亡之路行來備加艱辛。然而，從大村到小寨，自堡壘至寺院，在一些康巴（Khampas）⑶戰士的護送下，這趟只許前進不可後退的旅程，看似倉皇而逃，卻又有如神話故事般神奇。

一方面，他們必須騎馬穿過世界上最崎嶇、環境最惡劣的地區，海拔五千五百至六千公尺的山頭，綿延不絕。每天都要走上十幾個小時，連牲畜都累得和人一樣上氣不接下氣，碰到一些崩壞的山路，人還得牽馬走過去。少得可憐的食物配給與限量的草料，讓惡劣的天候更加猙獰。年長者禁不起折磨，城裡來的人更是苦不堪言，舉步維艱地跟隨在後。然而，每個人都曉得必須奮不顧身地前進，因為別無選擇，儘管大家閉口不談，心裡卻明白，身後的追兵可能隨時都會趕到。

不過，一些意外的驚喜總會從天而降，令人由衷歡喜。譬如那天他們在經過一處隘口時，不知從何處突然冒出一個農夫，牽著一頭白馬交給隊長，說是要向達賴喇嘛致敬，然後轉身走進白茫茫的霧裡，消失得無影無蹤。還有，之前有個騎馬的信差在半途與達賴喇嘛會合，告知拉薩政府已遭北京當局解散，於是他們趁著在隆次宗（Lhuntse Dzong）停留時，舉行了象徵性的儀式，宣布成立西藏臨時政府。儘管這個由一位亡命天涯的宗教領袖所作的決定，對既成的事實毫無任何影響力，但至少見證了他要為西藏的傳統奮戰到底的決心。

陸續傳來的消息，讓這些顛沛流離的人更加沮喪：拉薩被轟炸，好幾千個藏人遭到屠殺，全城風聲鶴唳，且當軍方獲知達賴已不在拉薩之後，鎮壓更是加劇。

即將抵達目的地前的那一段路，應是這趟旅程中最艱辛、驚險的部分。那時他們才越過卡波山隘（Karpo）(4)，一架雙引擎飛機飛過這支拖拉疲塌、氣喘吁吁的隊伍上空，沒人知道這不尋常之舉意味著什麼，但那肯定是架中國飛機。這群流亡者顯然已被發現，但接下來竟什麼事也沒發生，他們又走了兩天才抵達芒茫（Mangmang）(5)，過了這西藏小村，就是印度境內的丘丹摩（Chhuthangmo）——自由的希望。

## 躺在母犛上進入印度

然而，達賴喇嘛在離開他的領土前，還必須通過最後一項考驗。這天夜裡，一陣傾盆大雨沖毀了營地，肆無忌憚地捲走了所有的帳篷。結果，隔天清晨，天津嘉措渾身無力地醒來，無法再前行。收音機裡傳來印度電台的新聞

## 達賴喇嘛一九五九年出亡路線圖

### ❶ 拉薩（Lhasa）

拉薩，達賴喇嘛流亡的起點。一九五九年三月十七日深夜，達賴喇嘛從夏宮諾布林卡秘密出走。

### ❷ 切拉隘口（CHE-LA）

切拉為多沙隘口之意。此隘口海拔一萬六千英呎高，切分拉薩山谷與昌波山谷。達賴在此最後一次回望拉薩，便走下隘口，奔向流亡的未來。

### ❸ 雅魯藏布江
（Yarlung Tsangpo River）

出亡隊伍在此渡河，過河後即屬藏人游擊隊出沒的區域。

達賴喇嘛回憶錄中寫道：「中共追捕我們並非易事，但如果他們得知我們的行跡，或許能預卜我們的路線，派兵攔截我們。因此除了安排三百五十名西藏士兵沿途保護我們，還有五十名左右的游擊隊，而逃亡隊伍本身也擴大到將近一百人。」

### ❹ 沙波拉隘口（SABO-LA）

達賴喇嘛的出亡隊伍在此遇見暴風雪，部分老人已難耐旅途艱辛，卻絲毫不敢停頓，因為還未脫離中共江孜與空波駐軍的包抄攔截危險。

印度

### ❺ 隆次宗（Lhuntse Dzong）

達賴喇嘛在此宣布成立西藏臨時政府。

### ❻ 爵惹 （Jhora）

由此前往卡波山隘時遇到中共飛機，逃亡隊伍行跡敗露，一旦遭受攻擊，則全無躲避之處。唯有盡速進入印度。在此不久前，達賴的先行隊伍已回報印度政府表示願意收留達賴一行。

### ❼ 芒茫（Mangmang）

西藏小村，進入印度前的最後一站。達賴一行穿過暴風雪抵此後又遇上傾盆大雨，帳棚嚴重漏水。達賴喇嘛原已在發燒，此時更轉為痢疾，停留兩天後才躺在母犏背上出發前往印度。
從拉薩一路護送達賴喇嘛的隊伍在此揮淚與達賴告別，重返藏區。

### ❽ 丘丹摩（Chhuthangmo）

芒茫對面的印度邊境駐防地。到此，一位兩年前達賴訪問印度時認識的印度官員，奉命接待達賴喇嘛一行八十人，並護送他們前往旁地拉。

### ❾ 達旺寺（Tawang）

在印度阿魯那恰爾邦（Arunachal Pradesh）境內，海拔三千公尺。第六世達賴喇嘛曾預言，當寺前的小樹長到三根枝椏一般高時，他就會回到達旺寺。 達賴十四世果然如預言回來了。

### ❿ 旁地拉（Bomdila）

經過三個星期的艱苦跋涉，終於抵達印度邊境駐防地旁地拉。前來相會的有達賴的老聯絡官與翻譯，他們呈遞了尼赫魯的問候電報：
我的同僚們和我歡迎你，並致候你安全抵達印度。我們很高興能提供必要的設備給你、你的家族和隨員，以便安住在印度。對你保持極高敬意的印度人民毫無疑問地會依照傳統，給予閣下應有的尊重。
願慈悲關照你　　尼赫魯

### ⓫ 德普（Tezpur）

達賴在此搭乘火車前往一千五百英哩外的莫梭瑞（Mossoorie）。國際媒體記者群聚此地，採訪此一世紀重大事件。達賴發表簡短聲明。車行沿途老百姓夾道歡迎。

## 穿越喜馬拉雅山

● 左頁圖：達賴喇嘛和小弟拿里仁波切徒步行經隘口。護送達賴喇嘛的隊伍，大約有三百五十名西藏士兵與五十名游擊隊。逃亡隊伍本身則有一百人左右。

● 右上圖：達賴喇嘛騎馬走在積雪的路上。他在翻越喜馬拉雅山時歷經狂風、暴雪、大雨、山崩、龍捲沙等艱困的天然險阻。

● 右下圖：達賴喇嘛回憶道：我們隊伍中還有一名美國中央情報局特工，他會操作無線電，而且顯然一路都跟他的上級保持聯絡。他到底聯絡的是誰，我到現在都還不知道。我只知道他隨身攜帶一台摩斯發報機。

## 在隆次宗成立臨時政府

● 右上圖：隆次宗（Lhuntse Dzong）。達賴由拉薩逃抵隆次宗後便舉行了象徵性的儀式，否決了中藏雙方的「十七條協議」，同時宣布成立西藏臨時政府，當時與會人士有一千多人。
● 右下圖：馬兒在隆次宗行邸前靜候，等待達賴喇嘛繼續行程。
● 左頁圖：隆次宗的村民們扛著補給物資，準備供養給他們心中最摯愛尊敬的精神領袖。

快報，他聽見達賴摔下馬嚴重受傷的消息。他告訴自己，幸好這等事沒讓他碰上……由於只能在一間破茅屋裡休養，所以他的身體狀況一直未好轉，然而緊張的情勢卻又逼著他不得不帶著幾個親信，在第三天立即出發。他虛弱得無法騎馬，隨從們只好將他綁在一頭犏牛（dzo，犛牛和黃牛的雜交種）的背上，他就這樣搭著那不急不徐的牛步，進入了生命中的另一個階段。

達賴喇嘛就是在這樣一支奇怪隊伍的簇擁下，來到達旺寺。他受到盛大的歡迎、熱情的歡呼，並終於能安心靜養。數百個遠道而來的村人，絡繹不絕地趕來向他致意。看到這些百姓對自己真摯的愛戴之情，達賴的心底不禁湧出一股暖流，但達旺畢竟不是久留之地，三天後他還是得繼續上路，從此到一個幾乎陌生的國度裡生活。那是印度，他當然知道，也是他即將流亡的地方，他必須在那裡走進一個西藏尚無任何地位的國際舞台，並肩

負起對西藏人民的新責任。後來，當毛澤東聽說達賴喇嘛已平安抵達印度時，僅陰沉沉地撂下一句評語：「西藏這一仗，我們輸了。」

## 安抵印度

在一支阿薩姆步槍隊分隊的護送下，他們緩緩地從達旺寺走到旁地拉（Bomdila）。隨著海拔高度逐漸降低，松樹林愈來愈稀疏，德壞（Dirang）山谷裡遍地都是蘭花草，而喜馬拉雅山脈從此遠遠地橫亙在隊伍後方。然後，一行人開始下山，朝那片熱氣氤氳的廣大平原前進。他們在克隆（Khylong）暫停，這是最後一次不受打擾的休息，接下來他們要應付的是麕集在德普（Tezpur）的那些信徒、好事者和媒體特派員。德普距離達旺有兩百多公里，當時走一趟要花上好幾天的時間。

在德普等著他的，還有一班特別列車和幾百封關懷問候的電報。達賴喇嘛於是發布了一份簡單而審慎的文告，對西藏發生的悲劇表示遺憾，並感謝印度政府的收留。他小心翼翼地說明這一路走來的情形，且希望血腥暴力自此終止。從那天起，除了那些讓他在西藏人眼中有著獨一無二地位的特質外，他還是個文化薪傳的保證人，爲其同胞高舉希望聖火的火炬手。今天，儘管西藏本土的藏族人數日漸減少、並深受漢化的陰謀政策所苦，但四十多年的缺席，反而讓天津嘉措這位第十四世達賴喇嘛，成爲最無所不在、最深入民心的宗教領袖。

● 終於進入印度國境了！雖然疲憊不堪，但達賴喇嘛臉上顯示了如釋重負的笑容。歡迎的隊伍迎上前來，獻上白色哈達。

西藏拉薩（黃丁盛攝）

第 2 章

# 我要去拉薩

一九三三年，五十七歲的十三世達賴喇嘛圓寂。在他的遺蛻趺坐接受瞻仰期間，本來朝南的頭卻自行轉向東北，這暗示了轉世的方向；接著，攝政本人也看見一幅觀境，他在藏南聖湖拉嫫拉錯的湖面看見了三個藏文字母：Ah、Ka、Ma，接著又看見一棟三層樓寺廟，有藍綠色與金色的屋頂，以及一條到山上的小徑；最後他看見一間有著怪異造型的導水槽的小房子。他確信Ah字母暗示東北方的安多（Amdo），於是轉世靈童尋訪團就出發了。

**我**最初的記憶⋯⋯應該和其他人差不多，我並不覺得這些有什麼特別的重要性。我喜歡跟著母親到雞舍撿蛋，然後待在暖烘烘的草堆裡和雞玩。我出生在塔澤（Taktser），我們家和當時大部分的農家一樣，生活條件很差，但家裡氣氛非常溫馨。

我清楚記得有次我衝過去想幫助那些力氣小的孩子，結果和別人打了一架。兩個哥哥那時已經上學，大哥在塔爾（Kumbum）寺[1]，二哥在隔壁村的學校裡。三哥羅桑桑天（Lobsang Samten）本來在家裡，後來也被送到塔爾寺。家裡就剩我一個，幸好有大姊澤仁多瑪（Tsering Dolma）——她整整大我十八歲——幫著母親照顧我。

若問是否記得有什麼預兆，那我就真的不知道了。就我印象所及和別人告訴我的⋯⋯也許是有些可拿來詮釋的跡象，不過，有時要等到事後才能了解其中的含意。用餐時，我好像定要坐上座，只肯讓母親碰我的碗。還有常常收拾小包袱，用根棍子挑著，然後說要去拉薩。母親當初分娩時，澤仁多瑪曾在一旁幫忙，我聽她說過好幾次，我是張大眼睛出世的。我好像從來不怕那些路過的外地人，甚至喜歡跟他們作伴。另外，我絲毫不喜歡有人跟我唱反調⋯⋯

再長大一些，印象深刻的是被打過一、兩個耳光。一次是我父親，因為我拉他的鬍子；另外一次是我叔叔，在寺院裡，因為我趁他做晚課時，把一本經書脫落的書頁弄得滿地都是。⋯⋯我也打過兩個哥哥耳光，不過這是我被認定為達賴喇嘛轉世，再也沒有人敢動我一根汗毛以後的事。連在布達拉宮裡的老師們也是如此：牆上掛著兩條鞭子，一條皮鞭用來教訓我哥哥（有段時間他曾陪我唸書），

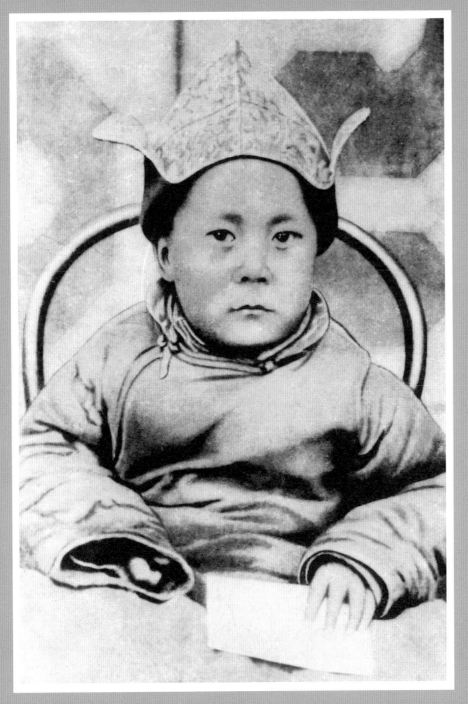

● 1939 年夏天，四歲時的達賴喇嘛。

對西藏人來說，達賴喇嘛是他們的精神依託，是大慈大悲的觀世音菩薩化身。十八世紀義大利籍的耶穌會教士德基德利這樣形容藏人對達賴喇嘛的敬愛：西藏人之所以熱愛達賴喇嘛，是因為他自願不斷轉世為人，為飽受生老病死之苦的眾生，承擔一切折磨和劫難。

一條是給我專用的絲鞭，……大部分的時間，老師們頂多作作要去
拿鞭子的模樣，不過羅桑桑天的運氣就沒有我好了……說起來也沒
有什麼非常特別的，不是嗎？也許是吧！但話又說回來……(2)

十四世達賴喇嘛以平緩的語調，一一敘述這些童年往事，中間偶爾點綴幾聲
感染力十足的笑聲，絲毫感受不到任何的傷逝和鄉愁：一些回憶，如此而
已，就如另一個人生。因為當他正式被認定為第十三世達賴喇嘛的轉世靈童
時，拉木頓珠（Lhamo Thondup）(3)的新生命就開始了。儘管他和一般依照習
俗被送到寺裡唸書的西藏兒童相較，基本上過著相同的日子，但其實已逐漸
被導向一條非常特殊的命運之路。

### 尋找轉世靈童

故事的轉捩點，要從一支由僧侶組成的尋訪團來到塔澤村說起。他們敲開一
戶人家的大門，要求借宿一晚，那戶人家按當地的慣例立刻就答應了。幾位
大喇嘛被請到北面最好的房間裡安頓，小廝們則睡在大門邊的廚房裡。

這支隊伍的隊長是結昌仁波切（Kewtsang Rinpoche），他故意扮成僕役，以
便能從容地伺察四周的環境。儘管這群客人未曾透露半點口風，但他們出發
前曾獲得神明和長老的指示，此行的目的正是為了尋找轉世靈童。

### 聖湖的指示

這些拉薩來的特使走了好幾個星期，終於抵達塔爾寺前。只見那三層樓的建
築、奇妙的寶飾以及極其特殊的黃金屋頂，與先前大喇嘛們在拉娒拉錯湖
（Lake of Lhamo Latso）畔（相傳湖水能顯現未來的景象）舉行莊嚴儀式，向

聖湖請示時所看見的倒影完全一模一樣，於是他們更加確定並未找錯方向。
趁著在寺裡休息的短暫時間，他們向僧人們多方打聽，看地方上是否有已廣
為流傳的風聲，好劃定尋訪的範圍。對這支拉薩來的特使團，人們當然可感
覺到別有目的，只不過它的出現還算是在正常的情況下，所以沒有人會特別
注意。

### 只有十二戶人家的塔澤村

結昌仁波切的喬裝妙計，終於讓他問到某個農家的孩子。大家都說那孩子非

● 塔爾寺，古本寺的漢譯名
稱，意為十萬獅子吼佛像的
彌勒寺。塔爾寺所在的地區
也是藏傳佛教格魯派創始人
宗喀巴的誕生地。來自拉薩
的達賴靈童尋訪團，在塔爾
寺前印證了大喇嘛們在拉姆
拉錯湖祈請後所看見的諭
象：三層樓的建築、奇妙的
寶飾及特殊的黃金屋頂等，
於是更確定了尋找方向。

## 達賴的童年家鄉

● 上圖：最早的一張全家福，達賴喇嘛父親叫祈卻才仁，母親叫期吉次仁，蹲著的小男孩為達賴喇嘛。

● 右圖：達賴喇嘛兒時的家，這是一座典型的藏人住屋，以石塊與泥造成。全家人靠貧脊土地上所種的青稞與蕎麥，以及一些牲口過活。達賴被認證後，村民憶起1909年達賴十三世訪問蒙古回來，曾在附近寺廟暫住，臨走時還留下一雙靴子。村人說，這棟小屋，他當年可能注視過無數次。

● 1935年7月6日，達賴喇嘛出生於東北藏邊陲的安多省塔爾寺附近的塔澤(青海湟中祈家川)。取名拉木頓珠，意思是「期盼充滿神性」。達賴喇嘛的母親共生了十六個孩子，只有七個活存，達賴喇嘛是第五個孩子。

母親記得生他的前一晚，夢見一場法會，會上有兩條青龍來朝拜她。達賴出生那天，久病的父親忽然翻身起床，生龍活虎地下田工作去了。

常早熟，說話常讓人感到不可思議。當年的塔澤村就如其他散佈在青康藏高原上的無數村莊，位在海拔三千公尺，共有十二戶人家，只有少數的旅客偶爾會前來借宿。達賴喇嘛的大哥回憶說：

> 我們家那時很窮，而整個村子的情況也好不到哪裡去。不過逢年過節時，我們倒是什麼都不缺，最好的衣裳全都仔細地收進一個大木箱，擺在最好的房間裡。

所謂的村子，不過是些散落在田野間的平頂房屋。它們有時好幾間擠在一起，中央圍著院子，四周用黏土或泥磚築起護牆。院子一般而言是獒犬的地盤，牠們不但在山牧季移中擔任牛羊群最專注的守衛，也可幫農人看家。在夜裡，農人會放牠們出去四處巡邏，嚇阻那些滿心想發橫財的匪徒，或打算摸黑大撈一筆的盜馬賊。不過天一亮，這些獒犬又全都會被銬起，因為怕以凶猛出名的牠們會嚇到路過的行人。

塔澤四周的山裡有很多野生漿果，季節一到，小孩子都會成群結隊地入山採果，好為家裡不甚豐盛的食糧添點營養。田地通常都很小，每家分幾塊種點青稞勉強維持溫飽。黃牛和母犛牛可以擠奶，再作成乾酪(用太陽曬乾)或酥油。酥油是製作酥油茶必備的聖品，藏人都喜歡喝這種濃烈的飲料，而且

它熱量高，可以禦寒。

每隔一段時間，流動小販或大盤商人就會運著各種食物和民生必需品，一村村地走賣。手工師傅、裁縫和鞋匠也都有固定的路線，來幫人服務，或視當下需要修補破舊的東西。距離村子十五公里處有座小佛寺，是村民的信仰中心，寺裡的僧人有時也會拜訪各家，幫忙誦經或視情況做必要的儀式。此外，每戶人家中最大、最漂亮的房間都設有佛壇，供奉家庭保護神並點著長明油燈，以便每日禮拜。

喬裝成僕人的大喇嘛結昌仁波切，心裡很清楚這次來塔澤的目的。當他看見路盡頭的那座房屋，覆蓋著藍綠色瓦片的屋頂，屋旁還有由杜松木挖成的水槽時，他知道已離目標不遠，因為聖湖上曾浮現的那座房子倒影，就擁有這兩項很罕見的特徵。走進這戶農家的院子，果然有隻棕白相間的花狗，和史官們在簿子上仔細記錄的奇景完全相同。現在就只需要將那孩子找出來，並確認他完全符合各項條件。

就如村裡的其他農家一樣，這位未來的達賴喇嘛一家人，全靠父親種的幾分薄田勉強維持生計，此外，還有三、四頭母牛跟著村裡的牛群在附近吃草。他們家這幾年來硬是撐過不少厄運：一塊田地突然無水灌溉；牲畜非死即丟。然而，所有的藏人都知道──儘管都是事後才想起，一個不凡的人要降生是有代價的，而對其家人而言，這代價通常十分昂貴。達賴大哥這麼寫道：

> 我們在塔澤過的日子雖然很窮，不過家中氣氛一直很溫馨、融洽。糧食從來都夠吃，過年過節時，我母親總是有辦法煮一些特別的甜點，給我們和來訪的每個客人享用。……我們從不覺得貧窮，只曉得自己很幸福，能夠一家團圓，全村團結。[4]

### 靈童拉木頓珠

當女主人正和那幾個被當作是重要人物的來賓喝茶寒暄時，結昌仁波切趁機來到廚房，坐在火爐邊。一個看起來天不怕地不怕的小孩，爬上他的膝頭，一把揪住這位偽裝普通人的老喇嘛掛在脖子上的一串念珠，用一種高高在上的語氣教人家將東西「還給我」。大人想跟孩子玩，便答應他，條件是必先猜出他的來歷。那孩子脫口而出：「你是色拉（Sera）寺(5)的喇嘛，這串珠子是我的！」

事實上，那串念珠正是十三世達賴所有。結昌仁波切不動聲色，依言而行，不過也並未作進一步表示。雖然他幾乎已確定，不過他還得找出更確鑿的證據，回去稟告派他來的上司。另一個驚人的線索是那孩子竟是用優雅的拉薩方言回答，塔澤整個地區根本沒人會講這種話。

隔天一早，尋訪團準備打道回府。當眾人看見拉木頓珠出現在眼前，小包袱擺在腳邊，打算跟他們一起上路時，簡直被嚇壞了！他母親有點不好意思，一直趕他回去，沒想到他竟然哭了起來，跺著腳堅持說「我的部下」到這裡就是為了「帶我回去我的大寺院」。結昌仁波切說盡好話，才讓那孩子相信時機未到；當他保證一定會再回來，孩子方才停止哭鬧。關於這段情節，達賴喇嘛只記得有道如老鷹般銳利的眼光一直盯著他——那就是舍壤天津（Sherab Tenzin），這人後來成為他三個最親近的管家之一，且還是法王的啟蒙老師，曾教他學寫字。

### 認證遺物的測試

結果過了幾天，那些人又回來了。這次雖以官方的名義，不過還是未將來意

交代明白。其實他們的目標很清楚：對靈童進行所謂的「前世記憶測試」。接受這項測試的人，基本上必須在好幾種物品（每種又有好幾個）中，「認出」他前世所使用過的東西。認證人非常重視這項測驗，尤其當他們在決定誰有資格接任某一宗派的領導人之際，更遑論此事與找尋藏傳佛教的兩大宗師——達賴或班禪喇嘛的轉世——有關，謹慎之情更是可想而知。

這戶人家不是第一次碰上這種事。他們的第一個男孩——圖登吉美諾布（Thubten Jigme Norbu），在被送進塔澤當地的寺院之前，就曾通過認證，在寺裡生活了一段時間後，才正式出家入塔爾寺學習，沒想到這時竟傳出他的小弟也被「發現」的消息。不過，同一家中出生兩個「祖古」（tulku）[6]的前例少之又少，所以也無人指望達賴喇嘛眞的會在此投胎轉世。

幾年之後，村中倒是有人想起：當第十三世達賴一九○九年出訪蒙古回來時，曾在附近地處偏僻的噶瑪夏宗（Karma Shartsong）寺裡暫住，留下很好的印象，不但數度盛讚該處風景優美，臨走時還留下一雙靴子。對藏人而言，這無疑是他還會再回來的信號。有些人甚至聲稱，那座第十四世達賴將於一九三五年七月誕生的農戶，他當年可能已注視過無數次。

據一些目擊證人的說法，拉木頓珠當時未滿三歲，但面對測試時毫不驚恐。拉薩來的特使首先檢查孩子的身體，果然在他身上找出大小總計三十二處的秘密記號，一般認爲它們可證實前世今生兩者間在精神上有不容置疑的親緣關係。心滿意足的特使團，接著將一些念珠、手杖、札嘛嚕鼓（Damaru）[7]，幾只價值不等的缽，還有幾樣俗家或寺裡的日常用品，全都混著擺在一張矮桌上。

## 金瓶掣籤

一七九二年，乾隆皇帝頒賜西藏一金奔巴瓶，規定以後凡達賴、班禪等轉世者圓寂後，所尋得之轉世靈童不論一位或數位，必須在大昭寺釋迦牟尼像前由駐藏大臣主持金瓶掣籤認定。同時另賜一金奔巴瓶於北京雍和宮，專門掣蒙古地區的轉世者。

金瓶掣籤是清乾隆皇帝為避免轉世制度的人為操作弊端而頒定的靈童抉選方式。一方面尊重藏人的傳統信仰，透過降神問卜與兆象來尋找靈童，一方面又以較公平的抽籤方式決定最後人選，避開各權貴勢力暗中影響涅沖，操控人選的決定。乾隆諭示中提到關於靈童人選「……朕尚且不能自主，拉穆吹忠（涅沖）更不得從中舞弊，恣意指出，眾心始可以服」。

民國建立後，中國本土動亂不安，漢藏關係隨著滿清朝廷的結束而起了新的變化。加上西藏自十三世達賴喇嘛以來，與國際諸強互動日增，內部對西藏的未來走向有很多不同聲音；國民政府在十三世達賴喇嘛轉世靈童認證時，亟思鞏固舊有關係，因此極力要在金瓶掣籤過程中，行使自清朝以來對靈童的認定權，希冀透過此形式順利承接前清與西藏的關係，於是雙方有許多或明或暗的角力。一九四〇年二月五日國民政府於達賴坐床前頒布此令，國民政府與西藏的緊張交鋒，暫告一段落。

●現藏於拉薩諾布林卡的金奔巴瓶和牙籤。

●1940年2月5日國民政府頒布府字第八九八號令，內容如下：
「青海靈童拉木登珠，慧性湛深，靈異特著，查係第十三輩達賴喇嘛轉世，應即免於抽籤，特准繼位為第十四輩達賴喇嘛。此令。
第十四輩達賴喇嘛拉木登珠，業經明令特准繼任為第十四輩達賴喇嘛，其坐床大典所需經費著由行政院轉飭財政部撥發四十萬元，以示優異。此令。」

稿　府　政　民　國

行政院院長

主　席　林

二三

| 文官長 | 局長 | 秘書 | 科長 | 科員 | 董記官 |
|---|---|---|---|---|---|
| 魏懷 | 許靜芝 | | 張百齡 | 王振羽 | |

中　二三

附
件

事由：明令特准拉卜楞東珠繼任為第十四輩達賴喇嘛由

由三明令撥發拉卜楞東珠坐床大典經費案元由

國民政府令

青海靈童鑽拉卜楞東珠、慧性湛深、靈異特著，禰係第十三輩達賴喇嘛轉世化身，應即繼任為第十四輩達賴喇嘛。此令。

魏靜

印鑄局抽籤，特准繼任為第十四輩達賴喇嘛。此令。

查西藏達賴喇嘛拉卜楞東珠業經明令特准繼任為第十四輩達賴喇嘛，其生麻大典，所需經費，著由行政院轉飭財政計撥共四十八〇〇元，以示優異云云。

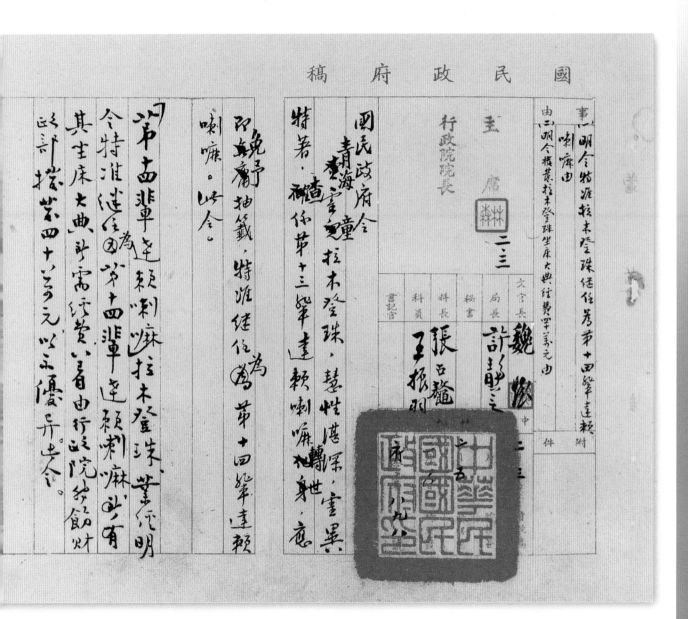

表面上看來，眾人雖然紋風不動，事實上卻明察秋毫，什麼都逃不過他們的眼睛。那孩子就在如此的注視下，幾乎毫無遲疑地作出選擇，不曾出錯，除了當在挑選手杖時，稍有猶豫，讓人差點以為他過不了關。原來拉木頓珠先拿起一根雕琢精美的木棍，上上下下端詳了半天後決定放下，改拿另外一根——每個在場者都記得過去常見到第十三世達賴將它拿在手上。這個插曲最後的解釋是，拉木頓珠挑的第一根枴杖，起初確為前任西藏領袖所有，後來送給一個忠心耿耿的隨從，這讓調查人員的推測又獲得了進一步的肯定。另外一個不容忽視的細節，是那孩子竟拿起一個看來十分破舊的札嘛嚕鼓，迫不及待且輕而易舉地讓它發出響聲，自若的神態讓特使團裡的老喇嘛們個個目瞪口呆。

## 伴隨靈童的種種異象

特使團於是帶著他們的初步確定，回拉薩稟告當時掌管西藏宗教事務和行政權的攝政王，因為這測試最後還需要獲得他的認可。又過了好幾個星期，攝政王才正式批准。塔澤那戶農家的生活終於恢復平靜。大家談到此事雖都覺得有些不可思議，不過現在較能解釋過去幾年所發生的那些怪事——為何在非季節時會降霜而凍壞農作物，為何狂風暴雨會突然來襲等。還有那些無因無由的病災，難怪這位未來達賴喇嘛的父親，會在妻子懷孕期間的大部分時間都躺在床上，醫生和喇嘛都找不出原因。這怪病一直持續到第四個兒子出生那天，他竟突然翻身爬床，生龍活虎地跑進田裡幹活，好像什麼事也不曾發生。至於孩子的母親，除了記得這一胎懷得十分辛苦外，還記得在生產前一晚曾夢見一場盛大法會，法會上有兩條青龍來朝拜她。

在這段等待的期間，達賴喇嘛尤其記得一對烏鴉，會定期地飛來家裡，在屋

簷下棲息。在西藏，人人都知道當年第一世達賴喇嘛在襁褓中時，家裡曾遭土匪襲擊，母親急急地將他藏在一塊岩石凹處，他就在那裡受到一隻烏鴉的保護。從那時起，歷世的達賴喇嘛和烏鴉便自然而然地生出一種特殊關係。這種羽毛墨黑的鳥兒，有時象徵著所向無敵的「摩訶迦羅」（Mahakala）──擁有無上智慧的大黑天神[8]。

## 馬步芳的阻撓

消息很快地不脛而走，大家都在傳說一個得道高僧──也許還是最高的，已在塔澤村被發現了。謠言一路傳到當地軍閥馬步芳的耳裡，這位信奉伊斯蘭教的軍頭，效忠當時國民黨政權，此人以凶殘和貪婪聞名。他獅子大開口，索求當時中國銀元十萬元（相當於現今九萬美元）當作轉世靈童的「放行費」。在湊足贖金前，拉木頓珠就先被帶往塔爾寺安置，因寺中長老希望能確定他果真是眾所認定的達賴轉世靈童。拉薩諸使為避免贖金水漲船高和一些新的障礙，他們無權置喙，所以也就保持沈默。將最後的檢驗和決定權交給拉薩幾座大寺院的大喇嘛。

## 初抵塔爾寺

孩子於是暫時送進塔爾寺，並隆重升座。達賴喇嘛猶記得那是個晴天的清晨，距日出還有段時間，他訝異為何一大早就被人喚醒，這是為了遵照星象學家所挑選的吉時良辰。這雖不是正式的出家大典，但也算是個半官方的準備階段，氣氛相當嚴肅，那些未見過或已遺忘的既定儀式，讓他有點受驚。這位未來的西藏領袖只好任人擺佈，幸好有父母親在一旁教他安心，只是他們不久後竟又回村子去了，把三歲的小娃兒孤伶伶地丟在當年那蜂巢似的、嗡嗡作響的、陌生的塔爾寺裡，讓喇嘛們照顧。

● 達賴喇嘛剛被認證後與馬步芳（左三）及一群
官員合影。馬步芳帶領西北有名的回人軍隊
「馬家軍」。1938 年他擔任國民黨青海省主
席，達賴喇嘛離開青海時曾索取大量贖金。

塔爾寺建於一五八二年，由第三世達賴所發起，寺址就座落在宗喀巴（Tsong-Khapa，意即「宗喀地方的人」）的出生地。這位藏傳佛教大師生於一三五七年，他不但博學多聞，而且是位偉大的宗教改革家，曾創設「格魯派」（l'école Geloug，意即「善德之道派」，或稱「黃派」)[9]。既爲佛學重鎮，又位於中華帝國門前，可說是密藏智慧的最前線，亦稱爲「古本寺」（藏語 Kumbum）之稱。「古本」在藏語中意指「十萬佛像」，根據當地的傳說，寺中那棵神木是由宗喀巴的頭髮所化成，每片葉子背面的葉脈間都帶著聖咒。

對未來的達賴喇嘛而言，塔爾寺的日子十分漫長無聊。他雖受到無微不至的照顧，但相較於其他等著剃度的同齡孩子，差異不大。幸好負責看管他的那位老喇嘛，無論他再如何調皮都仍非常和藹可親，甚至准許他躲在自己的袈裟裡撒嬌，有次還送他一顆桃子。拉木頓珠另外還有個非常認眞盡責的保護人──長他三歲的哥哥羅桑桑天，而這對小兄弟在日後的人生道路途上，無論是旅行、上學、打架或惡作劇，也一直形影不離，甘苦與共。

儘管如此，這個離家外出的小男孩內心裡，仍感到十分孤單。那是種混合了被拋棄和不解的寂寞，因爲對他而言，在那樣的年紀裡，是否是達賴喇嘛能有什麼大意義呢？但在懵懵懂懂之中，他也開始體會到生而爲人的孤獨。對即將出家，並肩挑整個民族和國家命運的人而言，這份孤獨又更加深刻了。但現在他還不知道這一切，是否將來有一天他會想起自己曾選擇了這樣的人生？

至於圖登吉美諾布──那位被認定爲塔澤長老之「祖古」的大哥（他當時應該有十六歲），因爲忙於學業，根本沒時間照顧兩個弟弟。而按照慣例，通常都是由一些年紀較大的喇嘛負責教導新生寺裡的基本規矩。圖登吉美諾布很有家庭觀念，當他的小弟終於要啓程「踏上」（無論就字面或象徵意義上

的)自己的命運道路時,他說曾費了九牛二虎之力,才說服負責教導他的上師,讓他也跟著到哲蚌寺(Drepung,拉薩的三大寺之一)繼續學業。

愈接近出發時刻,準備工作和秘密會商就愈來愈多,陰謀策畫和私下交易也愈來愈頻繁。拉木頓珠現在看得比較明白:原來他的時代已經來臨,這一團忙亂竟都是圍著他在轉。他尤其知道這段漫長的等待即將結束,不必再一連好幾個時辰躲在角落裡自憐自艾了。他終於又可見到雙親,尤其是他的母親——他們的母子關係後來都一直非常密切。

寺中鬧哄哄的日常活動繼續圍著他運作,大小喇嘛各自忙著自己的工作,儘管看似對接著要發生的事毫不擔心,但彷彿有股期待暗藏在那幾千尊微笑不語的佛像所在的佛龕角落裡。馬步芳要的數目已經送去,未料到最後關頭,他竟又改變主意,眉頭也不皺地就說要追加三倍贖金。

這個障礙又再次奇蹟似地獲得解決。一群結伴到麥加朝聖的回教商人同意先借出這筆款項,事後再到拉薩領回。一九三九年七月中旬——他四歲生日的前一個星期,這個塔澤的農家孩子終於在一列車馬隊的簇擁下,浩浩蕩蕩地往拉薩行去,而這座藏傳佛教的聖城,也準備要盛大地歡迎這位觀世音菩薩(藏語Chenresig)——西藏的保護神、無限慈悲的菩薩——的化身,終於又回到他們之中。

## 前往拉薩

從塔爾寺到拉薩,要走上好幾個星期的路程,而這支隊伍的陣容,頗令人嘆為觀止。同行的除了主角的父母和三哥羅桑桑天,還有那些來測試他的特使、教中長老、政府官員、嚮導、趕騾人、商販和朝聖者,一整群人看起來

五彩繽紛，其中有些人根本不知隊伍中藏了何方神聖，而那些僧俗代表因深知任重道遠，則時時刻刻步步為營。他們必須將這個國家最高權威的繼承人，毫髮無傷地送到目的地，他的性命比什麼都重要。

為了旅途的舒適，拉木頓珠和羅桑桑天被安置在一頂駝帳（dreljam）[10]裡。這對小兄弟一路打個不停，兩人平日相處融洽，只不過弟弟很快就了解到自己的社會地位高於哥哥，便無恥地大佔便宜。只要誰說了不中聽的話，馬上就會爭吵，且總是立刻愈演愈烈、拳腳相向——弟弟一副盛氣凌人的模樣，而哥哥較有分寸，已知道要尊敬這個還不完全是達賴喇嘛的弟弟——原來他們自塔爾寺出發後又走了好幾天，等完全離開貪得無饜的馬步芳勢力範圍，才敢正式發出公告。

消息一旦宣布，隊伍便莊嚴隆重許多，更何況今後也有一套非常講究，甚至是嚴格的禮節必須遵守。對小小年紀的達賴喇嘛而言，這趟漫長的旅程讓他首次有機會見識自己的國家。

## 山河壯麗，開闊眼界

當然，人在四歲時，目光會停留在一些不尋常的座標上，所看到的世界必定和日後的大不相同。於是這位西藏未來統治者的童稚之眼，驚奇地望著大批的野犛牛，以及成群結隊、神話傳說般的西藏野驢。當那些野鵝扶搖直上雲霄之際，他正目不轉睛地注視鹿兒們狂亂逃逸，其身影之快，宛如幻象。放眼望去，常是草木不生、人跡罕至的土地，偶爾才有幾座寺院點綴其間，不是趾高氣昂地孤立在光禿禿的山巔，就是令人怵目驚心地攀附在懸崖上。當他們愈行愈遠，每隔兩三天才會冒出一些小村，微不足道得好像是被隨意擺

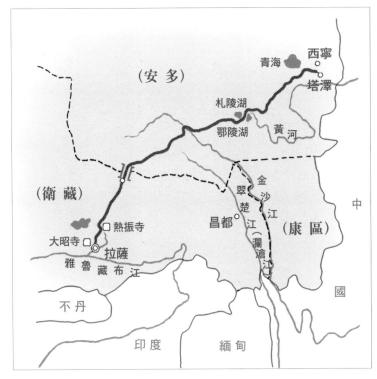

● 1939 年達賴喇嘛由青海塔澤前往拉薩的路線圖。被確定為達賴喇嘛轉世之後，達賴喇嘛在家人的陪同下與特使團出發前往拉薩。他們由 1939 年盛夏走到初秋，花了將近三個月的時間。當時西藏沒有公路，遷移全靠馱獸。

放一般，根本不會有人記得它們，連時間也忘了經過。

但最令人難忘的還是一路上的風光——廣袤的平原四周，環繞著比登天還難爬的高山，至今達賴喇嘛仍認為那是世界上最壯麗的景象。還有那些偶爾來襲的狂沙、風塵；或能掀起犛牛角的疾風；或急如雨下的冰雹和陣陣雪暴；或經冰霜反射，讓旅人眼前一片茫然的刺眼陽光，大自然宛如脫韁野馬的力量，在這座一望無際的舞台上奔放。能在這些高原上走一遭，眼光隨著那些守候著高原、綿延不絕的雪峰稜線流轉，即使一生只有一次，就能讓人的眼界從此更開闊，看到的世界更精微，這樣的世界才能塑造他，正如同他能反映出這樣的世界一樣。

隊伍於盛夏出發，等走到能看見拉薩時，時序已經入秋。他們在一些很荒僻的小鎮上稍事休息，有時也會在寺院停留，如熱振（Reting）寺——攝政王正是在這座他出身的寺裡和隊伍會合，甚至是借宿在一些如瑞崎（Rekya）等偏遠的精舍裡。因他們不僅要越過或繞過那些天然屏障，更必須恪遵各種星象預言，考慮每個神諭的意見。在那個時代裡，我們最好不要在世界屋脊上跟

這些事開玩笑，因為西藏人不論面對家事或國事、宗教或俗民生活，首先要緊的就是看異象以及徵兆的預言。

## 百姓對轉世者的熱愛

他們每停留一站，都有點像在過節，充滿了一種對未來大喜之日的想像，只能說百姓們那等了太久的深切期待，終於能在這被選上的小孩身上得到答案。因為若沒有「活佛」——藏人對其君主和上師的慣稱，他們會覺得自己猶如孤兒，茫然不知所措。這種存在於領導者及其人民之間，根深柢固、延續不斷的有機連繫，也許是西藏人與達賴喇嘛的特殊關係中，最令人迷惑，也最難解釋（更遑論掌握）的一個面向。

對此一現象，我們也許只需加以觀察，然後找出切入點，每個人想必都有自己的理解方式。義大利籍的耶穌會教士伊波里托・德基德利（Ippolito Desideri）曾在一七一四年提出如此的看法：

> 西藏人之所以熱愛達賴喇嘛，是因為他自願不斷地轉世為人，為飽受生老病死之苦的眾生，承擔一切的折磨和劫難。[11]

● 達賴喇嘛與父母攝於拉薩。1939 年冬季達賴喇嘛被送往布達拉宮，不久，在大昭寺由攝政熱振仁波切正式剃度成為沙彌。初到拉薩的達賴喇嘛暫居諾布林卡，由三哥羅桑桑天陪伴，並可定期回家探望家人。

辰寅年陰曆三月五日呈

達賴喇嘛

李春先

蕭通三 譯呈

## 達賴喇嘛與國民政府

● 上圖：吳宗信與達賴喇嘛。身為國民政府蒙藏委員會委員長的吳宗信，自從得知十三世達賴喇嘛的轉世靈童尋獲後，就積極準備有關認證事宜，其間數經周折。臨到達賴十四世坐床大典上，還曾為了座席發生爭執，拉薩政府噶廈原打算把吳忠信的座位放在攝政熱振仁波切的對面，高低則與清朝時駐藏大臣司倫座位相同。但吳忠信認為自己代表國民政府，不能接受此一座位安排，最後噶廈同意在達賴平行的左方面南設座。

● 右圖：國民政府的祝賀禮單。為了達賴喇嘛的坐床典禮，國民政府的祝賀函中，除了說明特派吳忠信前來拉薩參加並主持達賴坐床典禮之外，信中並詳載了賀禮，包括吉祥哈達耳喜一件、鍍金佛像一尊、金絲緞二疋、虎皮一張、豹皮一張、藏獺皮三張、狐皮二十五張、龍紋藏氍二幅等等。

國民政府中央執政國府林主席閣前敬呈者久企

德範蔡向情殷延維

政躬康和

鼎祉凝麻仰瞻

吾輩怵頌彌日近日全藏僧俗人民大眾虔誠諷經祝禱求佛神用小卦所

得祥瑞徵兆仕身達賴已轉世今正在布達拉山寺達賴宮殿僧俗大眾慶

祝之際仰蒙

主席鴻恩特派差專使駕臨拉薩參加主持達賴轉世坐床大典禮莊頌嘏吉

祥哈達阿喜一件玉照一件及珍貴財物多件寶深欣感謹達承頌仰叩

主席先後對於中藏睦誼之事深切關懷感謝無似如論世界和平之根本

我

必先闡揚釋迦牟尼佛之佛法始克共躋昇平余亦常禱一切眾生安寧并祝

公政務日陸中藏睦誼益敦期臻於國泰安余在此閒蒙佛之護佑身體平

安尚望

主席為闡珍攝茲敬備吉祥哈達再喜一件金佛像一尊連套佛衣次貢青

一皮包藏紅花雪千雨之冰鐵一匣金絲緞二疋虎皮一張豹皮一張藏獺皮

隊伍愈接近首都，隊形又重新被沿途加入的人愈拉愈長。商販或流浪漢、和尚或信徒、大喇嘛或小官吏，你推我擠，形成了極不協調的群體，但內心都懷抱著一種共同的複雜感情——最質樸的虔誠信念，以及幾百年來的崇敬所孕生的忠誠天性。兩者的強度不相上下。

## 莊嚴喜悅的恭迎盛會

一個政府代表團急忙趕到喀什那卡（Gashi Nakha），準備在那裡恭迎達賴喇嘛的隊伍。黎明時分，歡迎儀式在一個帳篷下舉行。擔任代表團團長的部長走到華麗高貴的寶座前，按傳統對著寶座上的孩子行三個大禮拜，並獻上一條哈達（Khata）[12]，以及攝政王的親筆信函，證明他確為達賴喇嘛轉世。在獻上茶葉和白米等傳統的供品後，接著是黃金打造的法器、經文，還有松綠石和珊瑚，一個比一個更珍貴的禮物，全都擺在孩子腳下。孩子接著登上金轎，被護送到那曲（Nagchukha）的沙本唐（Shapten，「真和平殿」之意）寺。到處充滿深深喜悅的氣氛，喇嘛和信徒相互道賀，口中不停地念著：「幸福陽光普照西藏。」

這個階段持續兩天之久，僧俗各界一場接一場地唱歌跳舞，讓孩子看得大呼過癮，心花怒放。除了看表演外，有人會來求見，希望能獲得他的祝福。他也很大方地有求必應，彷彿已開始扮演日後將正式擔任的角色。接著，在從四面八方湧至的人群簇擁下，達賴喇嘛的隊伍又開始緩緩地向前開動，大鼓、嗩吶和禮鐃、禮鈸在一旁伴奏，十幾支旌旗、禱文旛和顏色鮮豔的徽幟，隨風飄揚，一行人就這樣來到聖城門前的多古塘（Dogu-Thang）平原上。

只見平原上已圍起一個很大的營區，正中那座是拉薩當局為迎接達賴喇嘛回

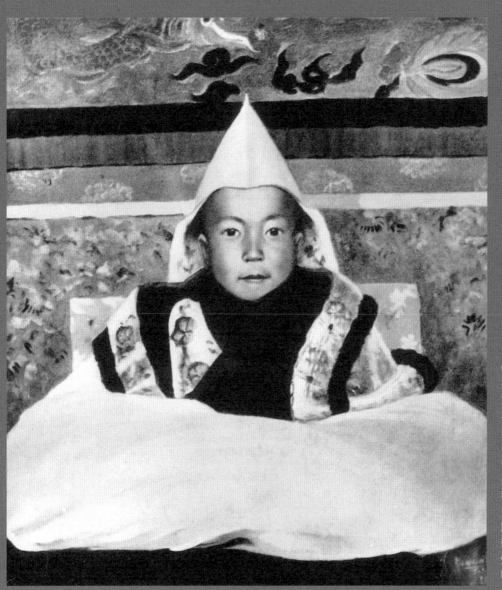

●十四世達賴喇嘛天津嘉措 1940 年攝於坐床大典。根據多位當時在場的人所說，那孩子態度從容不迫，且非常平易近人。一位英國代表後來記載道：「他的眼光異常敏銳，一種在這種年紀少見的耐性，天生熟練的儀式動作和美麗的雙手。」多年後達賴喇嘛回想起當時的感覺，笑著承認真的有種「終於回家了」的感覺。

●達賴喇嘛的家族初抵
拉薩。

京所特別搭建，全部以黃絲緞搭成的「孔雀帳」，正等著新主人到來。這頂
裝飾得富麗堂皇的帳篷裡，有張專為第十三世達賴的轉世靈童拉木頓珠正式
坐床大典所特製的寶座。孔雀主帳旁另矗立著其他許多大小帳篷，藍白二色
兼有，以安頓貴賓和政府人員。大官小吏，以及附近所有寺院的住持，還有
大不列顛、尼泊爾、不丹和中國的駐拉薩代表，無論是為了向小達賴致敬，

或怕錯過此一西藏歷史新篇章的開始，全都前來參與盛會。

關於這持續了幾乎兩天，眼看人們極其莊嚴肅穆地將整個民族的精神領導大任交給自己的坐床大典，達賴喇嘛說人多得不得了，比之前短短四年的新生命裡所能想像的還要多。他笑著承認，真的有種終於回家了的感覺……

孩子高坐在寶座上，從頭到尾好奇地俯視為向他致敬而進行的每件事。在場兩個非常罕見的白種人——英國使團裡淺色頭髮的無線電技師和其上司黎吉生（Hugh Richardson）(13)，讓他頗感驚奇。幾個年紀很大的喇嘛也來了，軟硬兼施地考他一連串明確的問題後，一致斬釘截鐵地認為無疑的就是他。根據多位當時在場人士所說，那孩子的態度不但從容不迫，且非常平易近人，讓每個接觸他的人都稱奇不已。還有人已注意到「他的眼光異常敏銳，一種在這種年紀少見的耐性，天生熟練的儀式動作和美麗的雙手」，就如英國代表後來的記載。

進入拉薩的時刻終於到了，藏曆土兔年八月二十五——西元一九三九年十月八日，遊行隊伍穿過整個城市，歡騰的人群夾道圍觀，心中充滿喜悅和愛戴之情。就在此時，一個涅沖（Nechung）寺的巫師(14)被神靈附身，跑到達賴喇嘛的轎前，猛然地掀開轎簾，將一把米往孩子身上扔去，以表示祝福，然後依習俗彎腰獻上一條哈達。那神巫滿頭滿臉掛著作法的行頭，看來令人毛骨悚然，但小達賴喇嘛卻一副安然自若的模樣，也將哈達繞在那怪人的脖子上，好似兩人本來早就相識。

他們的第一站來到大昭（Jokhang）寺。這裡是藏傳佛教聖地中的聖地，從第八世紀開始供奉著一尊全藏香火最盛、最珍貴的釋迦牟尼寶像。行儀表示感

恩和擁戴後，隊伍繼續在嗩吶和禮鑼聲中前往諾布林卡（Norbulingka，意即「珠寶林苑」）。這裡是達賴喇嘛的夏宮，將暫時充當國家新主人及其隨從的駐蹕之地。

遙遠、廣大且人聲鼎沸的世界各地，正在他們的腳下顫抖，愈演愈烈的動亂迴響，絲毫都無法翻越喜馬拉雅的圍牆。這裡人們唯一在乎的是西藏的保護者又重回這片位於神的高度上的人間國度。

●大昭寺
在藏人的心目中，大昭寺是全藏最崇高的寺廟，拉薩所有的重要宗教活動均在此舉行，每年都有成千上萬的信徒、香客到此朝拜。它是七世紀西藏國王松贊干布所建，用以供奉妻子赤尊公主由故鄉尼泊爾請回的釋迦牟尼佛等身像。整個西藏的建築是順著大昭寺發展開來，達賴喇嘛幼年就很喜歡在此觀察市民生活。

西藏桑耶寺的轉經輪（黃丁盛攝）

第 **3** 章

# 生生世世

篤信佛教的藏人普遍接受轉世的存在。白
教噶瑪巴系是第一個透過轉世的上師，將
智慧代代相傳以確保法教傳承不變質的宗
教系統。達賴世系則開始於十四、十五世
紀。達賴五世時，原本為宗教服務的系統
已發展為龐大的行政組織，達賴五世不只
是藏人的精神領袖，更是世俗領袖。這樣
的一個政教系統存在了幾百年，到達賴十
三世時，世界的劇烈變化也直接衝擊古老
的雪域與傳統，失去家園的達賴十四世，
會不會是最後一個達賴喇嘛呢？

**對**佛教徒而言，眾生在漫長的輪迴裡，從生到死，從死至生，絲毫不足為奇，唯有完全覺悟者方能解脫，這即是（或說應該是）所有人生的目的。轉世投胎是佛教世界觀的基礎，對西藏佛教徒而言，現任達賴喇嘛和他的前世之間，存在著一種不容辯駁的持續性。他是自十五世紀以來，在那些塑造出這高原國家特殊歷史性格的事件和歲月中的又一章。第十四世達賴認為：

> 對佛教徒而言，意識有好幾種不同的層次，而一旦涉及最深層的意識型式──所謂的「最細微意識」（esprit subtil），它完全可能獨立於肉體和大腦之外，而如此的「最細微意識」就可以和轉世投胎的概念結合起來，使人們所謂的「前世記憶」獲得一些釐清。[1]

### 最後一位達賴喇嘛？

關於這個至今仍眾說紛紜的領域，第十四世達賴喇嘛的態度一向非常謹慎。他常常明確地表示，就他個人而言，達賴喇嘛的制度是一個「人的制度」，既是人的制度，它便是暫時的，有天一定會消失。但他是否會是最後一個達賴喇嘛呢？（如果我們要相信那流傳已久並一再浮上檯面的傳說）

> 那要看西藏人自己的決定。如果這制度的時間已到，也無須硬撐下去。從歷史來看，西藏在有達賴喇嘛之前已存在很久了，沒有他也能過得很好。但就我個人而言，那又是另外一回事：基本上我是個出家人，是單純的佛教僧侶。從這點來說，我有件事必須完成，也許是直接關係到西藏的任務。[2]

●格魯派傳承樹。藏傳佛教極注重法教的傳承，因此每一系統都會有自己的傳承樹。格魯派為宗喀巴所創，此傳承樹即以宗喀巴為中心。宗喀巴的右邊(看圖者的左邊)，最上方是未來佛彌勒菩薩，代表「廣大菩薩行傳承」；宗喀巴的左邊(看圖者的右邊)，最上方是釋迦牟尼佛，代表「甚深見傳承」。在宗喀巴的上方有五排上師，這是格魯派主要修持的五個密乘傳承的上師眾，這五個密乘傳承一般指的是：密集金剛、大威德金剛、金剛總持、文殊以及勝樂金剛。而在宗喀巴的下方為諸佛菩薩、阿羅漢和護法。此傳承樹的最下方是四方守護神和印度神祇，他們禮敬並護持證悟的上師眾與他們的傳承。

### 噶瑪噶舉派創立轉世制度

事實上，透過一代代轉世的上師而傳遞傳統智慧，首先出現在十二世紀藏傳佛教「噶瑪巴」（karmapa）[3]世宗中。該教派信徒認爲透過這方法，可確保宗師的教誨能代代相傳而不致變質。理論上這是可行的，只要這些古老的教誨能回答基本的存在問題，並多少能解決人們因時因地所產生的不同疑問。

後來，隨著宗喀巴在十四、十五世紀時的宗教改革，以及「格魯派」的應運而生，達賴喇嘛系譜也逐漸在西藏的歷史舞台上形成。起初這制度基本上是針對宗教目的而設計的，後來物換星移，逐漸演變成愈來愈龐大的行政架構，以致到第五世達賴時，雪域的精神指導和俗世權力已完全集中在他一人手上。

### 「達賴」──無盡的智慧

至於「達賴喇嘛」的頭銜出現得更晚，它是忽必烈汗的後人、蒙古君王俺答汗（Altan Khan），於一五七八年贈給其上師索南嘉措（Sonam Gaytso）的封號。索南嘉措是位博學多聞的得道高僧，藏文「達賴」（dalai）即衍生自蒙古文「塔磊」（tale），意指「海洋」，比喻爲「無盡的智慧」。

儘管如此，藏人一般仍認爲達賴喇嘛的制度始於十五世紀的根敦珠巴（Gedun Truppa），縱使歷代達賴的遭遇迥異，但仍累世相傳，綿延不絕至今。

### 第一世達賴──根敦珠巴，興建扎什倫布寺

根敦珠巴出身於西藏高原中部一個寒微的畜牧人家，從小就對念書和宗教感到強烈興趣。七歲時父親過世後，就被送進寺院給喇嘛當小廝，他邊玩邊

## 微笑的宗喀巴 ──格魯派創立者

### 出生

宗喀巴（1357-1419）生於今天的青海省西寧市湟中縣，本名羅桑札巴。宗喀是地名，今日的青海東部湟水流域（包括西寧、湟中在內）在吐蕃時期就被稱為「宗喀」，宗喀巴即宗喀之人的意思。

### 成就

宗喀巴被藏人視為文殊菩薩的化身，學問博大精深，一生著述非常豐富，其中，最重要的是《菩提道次第廣論》和《密宗道次第廣論》兩部著作。在這兩部著作中，宗喀巴比較完整地論述了他的佛學思想，為創立格魯派奠定了理論基礎。他認為戒律為第一要義，修習要遵從由顯到密的次第才會獲得良好效果。格魯派區別於其他教派的突出特點是有計畫、有系統的教學組織。同時對當時佛教戒律鬆弛的現狀，宗喀巴建議宗教改革，要求喇嘛遵守戒律，重苦行，禁娶妻，贏得眾多信徒的愛戴和擁護。因為他們都戴黃帽以區別於當時其他教派

的紅帽，所以又被稱為黃教。宗喀巴在拉薩興建甘丹寺，成為格魯派祖庭，自任第一任甘丹池巴。

### 弟子

宗喀巴有八大弟子，其中最有名的有三位：賈曹杰，繼承宗喀巴成為第二任甘丹池巴；根敦珠巴，被追認為第一世達賴喇嘛；克珠杰，被追認為第一世班禪；後二者形成格魯派兩大轉世系統。

上圖為宗喀巴像。宗喀巴的造像鼻子要算是一大特色，眼睛溫和而不銳利，戴「喇嘛」形式尖帽，嘴眼浮出笑意。

## 達賴喇嘛的世系傳承

### 索南嘉措與達賴喇嘛封號的關係

索南嘉措的前兩世是根敦珠巴，而根敦珠巴又是格魯派宗喀巴的弟子，索南嘉措的前一世為根敦珠巴的弟子根敦嘉措。索南嘉措是一個博學多聞的高僧，成功地在青海蒙古族裡弘揚佛法，說服了土默特部的首領俺答汗皈依佛門，因此，俺答汗贈給索南嘉措「聖識一切瓦齊爾達喇達賴喇嘛」的稱號。「識一切」為「一切智」的意譯，是對顯教方面最有成就僧人的尊號；「瓦齊爾達喇」意思是「執金剛」，是對密教方面最有成就僧人的尊號；而「達賴」是蒙古語「大海」之意。此封號也追封其前世，所以根敦珠巴為達賴喇嘛一世，根敦嘉措為達賴喇嘛二世，而索南嘉措就成為達賴喇嘛三世了。

### 達賴世系表

| 世次 | 名字 | 出生地 | 年代 |
|---|---|---|---|
| 一世 | 根敦珠巴 | 後藏霞克堆地方果米牧區 | 1391-1474（明洪武二十四年至明成化十年） |
| 二世 | 根敦嘉措 | 後藏達納 | 1475-1542（明成化十一年至明嘉靖二十一年） |
| 三世 | 索南嘉措 | 前藏堆龍 | 1542-1588（明嘉靖二十一年至明萬曆十六年） |
| 四世 | 雲丹嘉措 | 蒙古圖克龍汗部 | 1588-1616（明萬曆十六年至明萬曆四十四年） |
| 五世 | 羅桑嘉措 | 山南瓊結 | 1617-1682（明萬曆四十五年至清康熙二十一年） |
| 六世 | 倉央嘉措 | 前藏門隅 | 1683-1706（清康熙二十二年至清康熙四十五年） |
| 七世 | 格桑嘉措 | 四川理塘 | 1708-1757（清康熙四十七年至清乾隆二十二年） |
| 八世 | 強白嘉措 | 後藏托布甲 | 1757-1804（清乾隆二十二年至清嘉慶九年） |
| 九世 | 隆朵嘉措 | 原西康鄧柯 | 1804-1815（清嘉慶九年至清嘉慶二十年） |
| 十世 | 楚臣嘉措 | 四川理塘 | 1815-1837（清嘉慶二十年至清道光十七年） |
| 十一世 | 凱珠嘉措 | 康定 | 1837-1855（清道光十七年至清咸豐五年） |
| 十二世 | 赤烈嘉措 | 桑日沃卡增且 | 1855-1875（清咸豐五年至清光緒元年） |
| 十三世 | 圖登嘉措 | 朗縣朗頓 | 1876-1933（清光緒二年至民國二十二年） |
| 十四世 | 天津嘉措 | 青海湟中 | 1935至今（民國二十四年至今） |

學，二十歲時結識宗喀巴。他很勤勉地跟著上師研習，並從上師的一位親信學到密宗精義的全貌。由於宗喀巴曾建甘丹寺（Ganden），另拉薩邊上又有哲蚌寺（Drepung），他為見賢思齊，便發願在日喀則（Shigatse）興建扎什倫布寺（Tashilhumpo）。他圓寂前把弟子們全都喚到床前，要他們「謹記佛陀的教誨，並發心修行」。

## 第二世達賴──根敦嘉措，「保留」前世的智慧

由於宗喀巴曾立下規矩，嚴禁教中之人成家，所以必得為上師們找出另一條傳承之道，且該傳承只限於精神層次。由於轉世投胎的想法早已成為教義的一部分，有前例可循，更何況這樣的事在喜馬拉雅山上絲毫不足為奇，因此大家便將重點放在「祖古」上。這些高僧的道行既已高到能選擇自己的轉世，自然也能將前世的智慧「保留」下來。所以，去世的上師就如此回來了，在一個特別聰明的小喇嘛──根敦嘉措（Gedun Gyatso）身上獲得新生。

此一傳承制度從此成為定例，延續至今。這中間雖歷經高低起伏，然而那種對神祕的狂熱，以及西藏相對的孤立狀態，使得身為中心人物的達賴喇嘛愈發充滿傳奇色彩，甚至成為一個與西藏密宗不可分的形象。相較之下，班禪喇嘛雖和達賴喇嘛在佛學上享有相同的聲望，但其角色功能從未超出精神範疇之外，儘管在歷史的偶然作用下，扎什倫布寺的住持或藏傳佛教的第二號人物，有幾次──尤其是在二十世紀──還是被推上全國性的舞台。然而，縱使有外國勢力撐腰，他還是無法改變傳統的排名方式。達賴和班禪對彼此的誤會，以及兩人周遭的詭計陰謀，使得兩大喇嘛之間的不信任氣氛，長久以來難以消弭。

● 左圖：根敦珠巴，第一世
達賴喇嘛。宗喀巴弟子。
● 右圖：根敦嘉措，第二世
達賴喇嘛。

### 第四世達賴──雲丹嘉措，加強蒙、藏雙邊關係

平行於宗教發展之外的，還有隨著歷史長河的迂迴曲折，而產生的社會與權力的轉變。日漸強大的蒙古帝國，讓達賴喇嘛決定投胎到蒙古皇室，轉世成俺答汗的曾孫。第四世達賴雲丹嘉措（Yongten gyatso）在位雖不到十五年，但至少足以用來加強蒙、藏雙邊關係，並預先爲「偉大的五世」[4]羅桑嘉措（Ngawang Lobsang Gyatso）的到來佈置好場地。

### 第五世達賴──羅桑嘉措，建都拉薩

羅桑嘉措生於一六一七年，五歲時被帶到哲蚌寺接受達賴的養成教育。當他正努力精進於宗教和世俗學問之際，那些現世掌權者也忙著在圍牆外火拼。

拉薩與日喀則，亦即衛（U）、藏（Tsang）兩省的封建勢力，長久以來就一直僵持不下，而無論新、舊派全都想向蒙古諸汗搬救兵，以解決爭端。達賴喇嘛雖強迫大家接受他的調停，不過蒙古入侵者也隨之宣稱擁有全藏的最高控制權，認為東自打箭爐（Tsatsienlou），西至拉達克（Ladakh），都是其勢力範圍。

一六四五年，第五世達賴決定在重建後的布達拉宮，設置政府並建都拉薩。他的意志堅如磐石，擁有不凡的政治遠見，再加上堅毅的個性，讓他能奮戰到底，使西藏免受中國的覬覦和蒙古的併吞。儘管在拉達克、不丹和錫金邊境曾陸續發生一些事端，但都很快就平息了。他也應當時的滿清皇帝之邀而到北京，清聖祖為迎接這位貴賓，特地在北京城中敕造西黃寺，供其駐錫。

● 左圖：索南嘉措，第三世達賴喇嘛。
● 右圖：雲丹嘉措，第四世達賴喇嘛。

第五世達賴不但博學多聞，深諳密宗義理，對作育下一代更是不遺餘力。他有開放的胸襟，能容忍異己，促進文化交流（尤其是和印度），鼓勵翻譯佛教經典，甚至親自參與其中幾本的編輯工作。為了改善政府的行政效率，他任用一批具忠誠、能力，受到專門訓練的公務人員。他於一六八二年去世，享年六十八歲，不過這消息卻被隱瞞了十二年才公佈——為了讓攝政王有時間完成布達拉宮的建設，以及安內攘外和尋找他的轉世。

### 第六世達賴──倉央嘉措，荒淫放蕩遭罷黜

第六世達賴和五世不同，他荒淫放蕩的作風，立刻就引人側目，讓教中高層和附近的統治者很頭痛。他擅於射箭，喜歡飲酒、歌樂和美女，才思敏捷，完全輕忽身為精神領袖的責任。事實上，他是以大詩人的身分而留名青史。儘管諫諍和指責自四面八方而來（包括他的上師們），他仍拒絕接受所有的比丘戒律，也並未因此而揚棄由權力而來的特殊待遇。

後來，一向自許為佛教守門人的蒙古可汗，終於下令逮捕這位不守教規、固執己見的二十四歲青年喇嘛，想將他廢除。根據傳說，他可能是在流放到中國或蒙古的中途死亡（或失蹤），就在距青海湖（Koukounor）不遠處遭到大風捲走。直至今日，他究竟葬在哪裡，仍是個不解之謎[5]。

### 第七世達賴──格桑嘉措，設「噶廈」取代攝政王

繼第六世達賴傳奇的一生後，接踵而至的混亂局面，仍在蒙古人和滿人之間製造不少爭端，同時第七世達賴也被拱上獅子法座。他的佛學造詣雖有口皆碑，但政治手腕不足，加上野心勃勃的攝政王在一旁煽動，使周圍的對立和紛爭愈演愈烈。所以，待攝政王一死，第七世達賴為避免日後重蹈攝政王獨

●羅桑嘉措，第五世達賴喇嘛。

五世達賴喇嘛（1617-1682）是西藏歷史上的重要人物。1642年，他在信奉黃教的蒙古固始汗的擁立下，消滅了壓迫黃教的藏巴汗並建立了「甘丹頗章」政權。於是達賴喇嘛第一次成為西藏的政教領袖。達賴五世執政期間，與清朝往來密切，順治皇帝曾邀他進京，並於他返藏路上遣使冊封他為「西天大善自在佛普通瓦赤喇怛喇嘛達賴喇嘛」。黃教的地位因而大為提高，為西藏的「政教合一」奠下了堅實的基礎。他重修了布達拉宮，做為政權中心。

## 第五世達賴喇嘛

●第五世達賴喇嘛的手印文告（下圖），張貼在布達拉宮白宮門口牆上，宣佈將政教權交給攝政王第悉。

五世達賴喇嘛建立甘丹頗章政權後，任命司庫索南群培為第悉（執政官），與固始汗聯合掌管政治軍事大權，平息藏巴汗與噶舉派殘餘勢力，使整個西藏出現統一的局面。五世達賴圓寂後，第悉為繼續興建布達拉宮，密不發喪達十二年之久。

## 五世達賴重建布達拉宮的景象

● 左圖：為建造布達拉宮，從拉薩河用皮船運送採自奪底溝的石子與帕邦喀的紅土的情景。此圖為布達拉宮壁畫。

● 右圖：在拉薩附近多拉開採石料，並進行宗教祈導儀式的場面。此圖為布達拉宮壁畫。

ཋ‍ཱུ་ཕྱག་རྒྱ་ཚུ་བཞེངས་ཕུ་ནི
ཕྱགས་ས་རྫོང་རྗེ་འཕྲིན་ལས་དང
ཋོ་གཟོབ་འཚན་གཤམ།
བྱ

●左圖：倉央嘉措，第六世
達賴喇嘛。
●右圖：格桑嘉措，第七世
達賴喇嘛。

攬政權的局面，便另設部長會議「噶廈」（Kashag）⑹取而代之。

### 第八至第十二世達賴，國際覬覦，時局動盪

接著的一個世紀，第八、九、十、十一、十二世達賴陸續登場，他們來不及
長大，也無法在西藏歷史上烙下個人印記──全都不幸夭折，若非死於疾
病，就是遭厄運所害，而讓躲在權力暗巷裡的勾當猖獗不斷。有個流傳很久
的謠言，說一定是其中某個小達賴不幸得罪世系的守護神──所向無敵的吉
祥天母（Palden Lhamo）⑺。另有些耳語說，其實是有人下蠱或下毒，甚至是
因為有些屬下禁不住飛來橫財的誘惑。

這些充滿急變、衝突和腥風血雨的勢力鬥爭的不穩定狀態，持續很長一段時

●左圖：強白嘉措，第八世達賴喇嘛。

●右圖：隆朵嘉措，第九世達賴喇嘛。

間。滿清政府對席捲整個高地亞洲的蒙古勢力進行反撲後，曾暫時干預過西藏事務。清廷的駐藏大臣在當地的影響力時隱時現，端視軍事上的勝敗或合縱連橫的局勢對其是否有利。不過，先前宮中和寺院裡的那些鬼蜮伎倆，也在此時逐漸平息，天母的怒氣似已獲得安撫。

當未來的第十三世達賴於一八七六年出生時，神諭再也不是尋找轉世靈童的唯一憑藉，其他一些顯然精神層次很低的利益考量，爭先恐後地圍著搖籃團團轉。當時正值十九世紀末，時局日益動盪不安，且對後來的歐、亞兩洲都產生決定性的影響。當滿清帝國的內亂愈演愈烈之際，西藏在非自願甚至是毫無察覺的情況下，變成大不列顛和沙俄兩帝國貪婪之火的交戰地。

英國透過與各地君王、諸侯、豪富的結盟，以及訂約和談判，甚至伺機偷

襲和採取游擊行動的方式，逐漸鞏固她在印度次大陸的影響力，進而毫無後
顧之憂地向外擴張。英國使節藉由成立保護國的制度，慢慢地從拉達克一路
往錫金、不丹邊境推進，直至到達喜馬拉雅山腳下。一些傳教士、國家官員
和商人，時常假借朝聖、探險或慈善事業的名義，想入藏大撈一筆，不過西
藏仍仗著有崇山峻嶺的天然屏障而有恃無恐。

另一方面，統領俄羅斯各邦的沙皇，透過一些勇往直前，並能將軍事知
識、科學或文化上的求知精神緊緊結合的旅行者，也開始不動聲色地向烏
拉山以東推進。第一次阿富汗戰爭後，俄國勢力依序佔領從突厥斯坦的裡
海到帕米爾高原、黑龍江之間的廣大土地，直逼大清帝國的前哨站。俄羅
斯於是企圖與西藏高原作進一步接觸，而最能擔任引路人角色的現成信

●左圖：楚臣嘉措，
第十世達賴喇嘛。
●中圖：凱珠嘉措，
第十一世達賴喇嘛。
●右圖：赤烈嘉措，
第十二世達賴喇嘛。

差，就是經由蒙古人介紹而皈依佛教的卡爾梅克（Kalmouk）[8]商人和布里亞
德人（Bouriates）[9]。從一八八〇年開始，布里亞德喇嘛德爾智（Agvan Dorji）
到拉薩朝聖，不久便在當地闖出名聲。幾年之後，他又以另一個西化的名字
多吉耶夫（Dorjiev）[10]，引起他人的注意。

## 第十三世達賴──圖登嘉措，宣布西藏獨立

隨著滿清在北京中央政權的式微，駐藏大臣在拉薩的影響力也愈來愈微弱。
一八九四至九五年的中日甲午戰爭，讓大清天子從此威風掃地。當英國和西
藏正因錫金問題而相持不下之際，第十三世達賴圖登嘉措（Lobsang Thubten
Gyatso）也於一八九五年開始親政。這位西藏新領袖出身於達布（Dagpo）地
區朗敦村（Langdun，意即「象山之前」）的尋常農家，是個性格鮮明、才華

## 十三世達賴喇嘛的現代化建設

● 左圖：十三世達賴喇嘛圖登嘉措（1876-1933），生於達布地區的朗敦村。自幼靈慧異常，十三歲就參加了三大寺的辯經大會，二十四歲時取得拉讓巴格西學位。由於在他之前的數位達賴喇嘛都早夭，所以眾人對他的期望特別高。然而他生逢一個新舊世紀交替、波譎雲詭、變動極大的年代，所以雖然他力圖將西藏帶入現代化的世界，卻因為西藏還沒準備好而沒能真正實踐。

● 右圖：繪於1934到1935年間的布達拉宮壁畫。圖中所繪主題是十三世達賴喇嘛自尼泊爾返藏後，於1914年參照日本、英國、漢地的操典，整編藏軍的景象。十三世達賴喇嘛執政的四十年間，適逢國際局勢動盪不安，在他兩次出亡的經驗中，他接觸到世界的現代化與強權的勢力，了解西藏不能遺世獨立於喜馬拉雅的山嶺上，所以返國後積極要將西藏改變為一個現代化的國家，建立軍隊是其中重要的項目，卻遭到篤信佛教的國人反對。

● 圖登嘉措，第十三世達賴喇嘛。他於 1895 年二十歲的時候開始親政，適逢全球形勢急劇變化。一向與世隔絕的青康藏高原變成英、俄兩國勢力擴張的角力場，而一向與西藏關係密切的清政府，此時陷於中日甲午戰爭中自顧不暇。

1904 年，英國因聽信俄國將與布達拉宮結為同盟的謠言，派遣軍隊攻打西藏。十三世達賴喇嘛因此出亡蒙古、再轉往中國北京。

1909 年年底返回西藏後，又與清朝政府派遣到西藏的川軍發生衝突，再度離開西藏，逃往印度。在國外的生涯中，十三世達賴喇嘛有機會接觸各國文化與多國使節，因此深刻意識到西藏與世隔離所形成的保守態度，將會面臨危機衝擊。

洋溢的僧青年。他不但極為好學，更難得的是他那種對外界無知的狀況下所展現的政治直覺。他必須盡快地展現自己的實力。

由於西藏當局拒絕發給英國代表許可證，以及俄國和布達拉宮因多吉耶夫牽線有成而結為同盟的謠言，讓時任印度總督的寇松勳爵（Lord Curzon）大為惱怒，便在一九○四年派遣由榮赫鵬（Younghusband）上校率領的遠征軍，攻打西藏高原[11]。雪域從此淪為英、俄兩國擴張野心所爭奪的對象，北京則退居一旁。

為避免達賴喇嘛受到任何危難，西藏當局決定組一支陣容浩大的隊伍，將他送往蒙古的庫倫。達賴喇嘛在那裡整整待了一年多，接著又視察了好幾座寺院，實地了解西藏國內的現狀，然後便收到清廷要他到北京的邀請函。他最後答應前往，不過因不願依規矩向中國皇帝下跪，所以拒絕上朝面聖，但仍見了慈禧太后。後來，光緒皇帝和老佛爺的亡魂都由他負責超度，直到一九○八年清朝的末代皇帝即位後，才回到高原上。

達賴不在西藏的這段長時間裡，俄、英兩國趁勢簽訂許多合約和條款，私下解決雙方在亞洲的衝突，只不過對波斯、阿富汗或西藏等幾個相關國家，卻

沒有任何通知。當時英國的外交政策完全只注重眼前的利益，絲毫無法預見若繼續如此濫用中國牌，長此以往，總有一天會在西藏釀成大亂。達賴喇嘛在前往北京途中和寄寓京城時，曾會見多國使節，尤其是美國人柔克義（W. W. Rockhill）[12]、俄國上校范曼寧（Von Mannerheim）、日本使節團的某位少將、一位德國官員。他也會見錫金王子，並承諾幫忙整修印度境內的佛寺。

一九〇九年八月，第十三世達賴重返拉薩，發現首都在駐藏大臣及其走狗們的橫徵暴斂之下，已陷入一片混亂。而那些只曉得恐嚇、嚴刑拷打、破壞和橫行霸道的中國軍閥，更是會定期去安多和康區[13]搶劫擄掠，搞得社會動盪

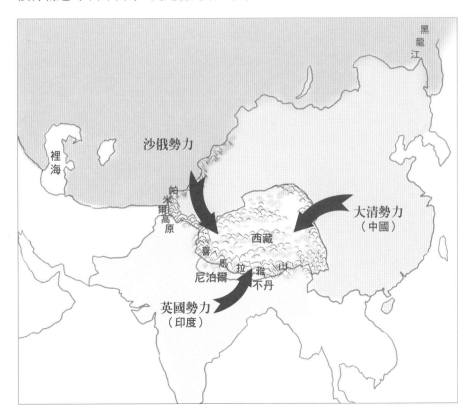

●二十世紀初葉，英國為了鞏固在印度次大陸的影響力，慢慢地由拉達克一路往錫金、不丹邊境推進，直到喜馬拉雅山腳下。而沙俄也不動聲色的透過蒙古族的卡爾梅克商人與布里亞德人向烏拉山以東推進。第一次阿富汗戰爭後，俄國勢力依序佔領從突厥斯坦的裡海到帕米爾高原、黑龍江之間的廣大土地，直逼大清帝國的前哨站。夾在各勢力間的十三世達賴喇嘛努力與各國維持等距外交。

## 英軍攻打西藏

●1904年英國派駐印度總督寇松勳爵，因聽信俄國將與布達拉宮結為同盟的謠言，大為惱怒，於是派遣榮赫鵬上校率軍攻打西藏，藏人無力抵抗，向清廷求援，但光緒也只能議和。英軍由江孜直入拉薩。十三世達賴喇嘛避難蒙古，再轉往北京。此圖為1904年英人拍下英軍入城時的情形。

●上圖：當時與英軍對抗的西藏軍人，他們的配備顯然居於劣勢。十三世達賴喇嘛返國後，努力建立現代化軍隊，是深有痛苦的經驗。
●下圖：英軍與西藏俘虜。

不安，人心惶惶。

情況愈加惡劣，當四川總督趙爾豐[14]的軍隊也開始向拉薩出發，達賴喇嘛於是向英國王室和尼泊爾使團求援，後者先和當地的清朝代表交涉，但調停無效。眼見清軍就要攻到，達賴十三世只好在一九一〇年二月再次匆匆離開布達拉宮，至印度尋求庇護。在先後朝拜佛教的起源地波羅奈和鹿野苑後，又到大吉嶺住了兩年，並在那裡結識了貝爾（Charles Bell）。兩人建立起友誼，貝爾後來奉派到西藏擔任英國代表，西方世界對當代西藏問題能有所認識，他可算是居功厥偉。

話說中國軍隊進入拉薩後，西藏人民即隨著一批受命於達賴的臨時領導者，群起頑抗，竟公然撕毀、玷污清朝皇帝廢除達賴制度的聖旨。班禪喇嘛拒絕取代達賴繼任西藏最高領袖，甚至不考慮合作的可能性。就在此時，各地風起雲湧的起義活動撼搖著清朝的帝基。一九一一年的辛亥革命給大清王朝帶來最後的一擊，中華民國隨後正式成立。

直接接觸印度與現代世界後的第十三世達賴喇嘛，很快地就意識到它的不可信賴、不切

## 十三世達賴喇嘛與清朝的關係

● 十三世達賴喇嘛於 1904 年英軍入侵時出走蒙古庫倫，待了一年，1905 年受邀前往北京，見到了慈禧，但因不願對光緒皇帝下跪所以沒見光緒皇帝。他在中國前後三年，慈禧與光緒去世他都為之超度，1908 年溥儀登基後才回西藏。左圖為大清部隊列隊迎接十三世達賴喇嘛的盛大場面。右圖為與慈禧見面的壁畫。

●公元1911年10月，辛亥革命爆發，駐拉薩、江孜的清庭川兵先後兵變，北洋政府出兵平亂，英國趁機干涉，要求北洋政府、西藏與英國三方共同談判，地點為印度西姆拉。

西姆拉會議中，英方除了提出「西藏為中國領土之一部分」的方案，主要內容還是把西藏劃分為「內外藏」兩部分，「內藏」由中國政府直接管轄，「外藏」則由其自治。簽字消息公布後，各界強烈反對，北洋政府乃命令代表陳貽範拒絕在正約上簽字，並宣佈：中國政府對當時及爾後英國同西藏當局簽訂的任何條約或類似性質文件，一概不予承認。西姆拉會議最終以破裂收場。

此圖為1913年10月到1914年7月參加西姆拉會議的英國和漢藏代表合影。前排中間為英國全權代表麥克馬洪，左三為中國代表陳貽範，右三為西藏代表倫欽夏扎。

實際的官方承諾，以及那些不堪一擊的合約簽名。當拉薩的中國駐軍完全撤出後，他又回到西藏，並於一九一二年和蒙古簽訂庫倫條約(15)，互相承認彼此的最高主權。一九一三年初，他在拉薩發表正式文告，再次宣布西藏獨立。

第十三世達賴喇嘛返國之後，隨即進行改革。其中有些著實引起某些大家族的反彈，另外一些則是受到佛教保守人士的大力反對。他顯然已充分意識到未來的內憂外患，於是成立軍事最高指揮中心，不但提高國防預算，並將武器裝備現代化。這為西藏社會造帶來很大的衝擊。所謂的「俠盜」在此雖有其地位，但當兵基本上不是件值得尊敬的事。他還廣設學校，實施俗家教育，並派遣留學生到外國學習西藏欠缺的科學知識，但這些作為皆引起僧眾

的猜忌，甚至不滿，認爲這是種不公平的競爭。

此外，他還訂定細則，訓練保安警察以維護公共秩序，並設鑄幣局，負責鑄造錢幣以取代過去通用的中國銀兩，此外，還開辦了郵政與電報業務，發行郵票、郵政和電報服務。而這些改革措施中，無論是在貴族或寺院，最引人非議的要算是開徵新稅了。至於西藏的第一所外交局，也是出於他的規劃。不過，當外部的不穩定因素持續增加時，如此銳意的革新反招來不少責難，致使內部分裂接踵而至，益發突顯出這位西藏政教領袖的任重道遠。

若說圖登嘉措直到一九三三年過世前，曾牢牢地掌握西藏發展的方向，那麼他在與中、英兩國維持等距的外交策略上，也從未掉以輕心。他很清楚地意識到外界正不斷在變化當中，也似乎明白西藏不可能永遠一如過去，不與別國往來，遺世獨立地在世界的屋脊上過著太平日子。他知道西藏非從根本改革不可，否則只能任人宰割。

第十三世達賴過世時，正值國際局勢動盪不安，一些家族和政治派系的恩怨，也隨著他的去世紛紛出籠，他生前的警告全被當成耳邊風。藏人還需幾經磨難，才能眞正體會他那預言家的先見之明 [16]。從今以後，他的繼任者必須在一個視野全新、不穩定因素極多、幾乎完全被顛覆了的新環境裡，繼續前世未完成的事業。儘管歷史的前進有點顛仆，儘管諸神的時代已經過去，但人類世界的遊戲並未因此從中得到啓發。

● 第十三世達賴喇嘛所發行的西藏郵票。此圖由 Meseumsstiftung Post und Telekommunikation 網站所提供。

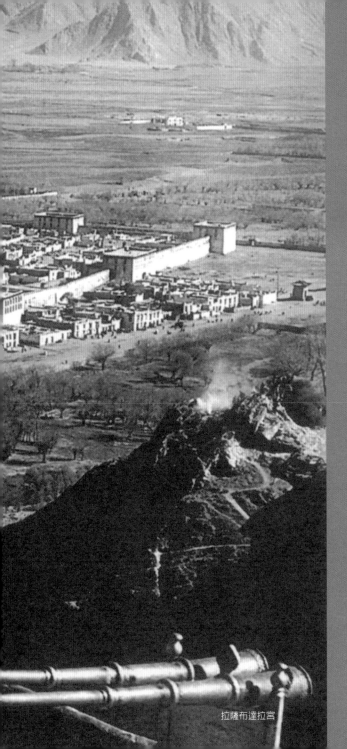
拉薩布達拉宮

第 $4$ 章
# 布達拉宮金頂上

每一個到拉薩朝聖的人，在轉過最後一個
山口，望見布達拉宮金頂後，對這個矗立
在蒼涼地平線上，超越一切，貞靜雄偉的
宮殿，無法不生起敬畏；隨著逐漸的接
近，崇敬之心就更深了。

儘管西藏的新領袖已登上獅子寶座，但權力巷弄裡的那些鬼蜮技倆仍未徹底破除。第十四世的嘉華仁波切[1]（Gyalwa Rimpoche，Gyalwa為藏文「至尊」、「勝者」之意）還只是個孩子，若從他那些前世和所肩負的期待來看，或許他可說是個天才兒童，其資質聰穎雖不在話下，但畢竟尚未長大成人。他必須受到非常完整的教育，才能擔當未來的重責大任。在這之前的過渡時期，就由攝政熱振仁波切（Reting Rimpoche）主導，而西藏一如世界上其他地方，攝政時期總是能滋養出特別多的陰謀詭計，甚至是死灰復燃的大好時機。第十四世達賴喇嘛的童年，也不例外。

### 無憂無慮的夏宮歲月

當那孩子住在諾布林卡，尚未接受嚴格的寺院訓練，家人也都陪伴在身旁時，西藏境外的世界亦循著它的軌道繼續前進。一九三九年，就在歐洲舊大陸隱約傳來的隆隆砲聲和殺伐聲中結束了。接著的一九四○年，對這位被認證是西藏最高領袖的轉世靈童而言，應可標示為一連串重大事件的開端。

對第十四世達賴喇嘛而言，抵達拉薩後在夏宮度過的那前幾個月，至今仍是他記憶中最愉快的一段時光。這段他稱之為無憂無慮的歲月裡，充滿嬉耍、散步和闔家歡聚──雖是在完善的監視下進行，卻洋溢著一種愉悅的心情。在星相學家和神諭指定正式剃度的時機之前，攝政熱振仁波切寧願讓他多少還享有點自由。

這個過渡時期，如今仍很清楚地印在達賴喇嘛的腦海裡，他尤其記得那次過藏曆新年，布達拉宮裡照例舉辦許多儀式和慶祝活動，他的父母和三哥羅桑桑天理所當然地都受邀參加，只有他因還未坐床，所以不能去。到了晚上，

●右頁圖：布達拉宮紅宮迴廊北牆的六百九十五幅連環畫式的壁畫，講述布達拉宮於達賴五世時重新修建的過程，這座雄偉的建築完成於達賴五世死後十五年。達賴喇嘛對它的回憶是：「它雖然很美，但並不是個理想居所。」

天津嘉措還記得當哥哥回來向他詳述金剛舞(cham)[2]的陣仗有多壯觀、衣服有多光鮮亮麗、面具有多威風時，他心裡氣得要命，恨不得能夠親眼目睹這一切。

不過也因尚未剃度，所以無須謹守規矩，儘管他並未察覺這點。他有時會躲起來偷吃些出家人禁食的食物，譬如雞蛋或豬肉丸。他媽媽燒得一手好菜，總是很注意兒子是否有夠吃的餅乾、糖果和他最愛的小圓餅。

## 坐床大典

正式坐床大典定在火龍年的正月十四（一九四〇年二月二十二日）舉行，可見這小小的自由並未持續太久。就在他抵達拉薩的兩個月後，拉木頓珠——他出生時的乳名，希望他能藉此獲得某個很屬害的女神的保佑——穿戴整齊，被人帶到大昭寺，就在覺窩釋迦牟尼像（Jowo Shakyamuni Buddha，即由唐文成公主帶入藏地，供奉在大昭寺的少年佛陀王子像）前，由攝政王親自剃度，從此正式出家，法號為「蔣巴阿旺羅桑耶西天津嘉措」（Jamphel Ngawang Lobsang Yeshe Tenzin Gyatso）。此名的意涵概括他從今以後將體現的所有德行：至高無上、自我節制、大慈大悲、信仰導師；或辯才無礙、精神純淨、神般的智慧，一言以蔽之即「智慧海」。

當然，我們也不能漏掉那些傳統所賦予、人民用以尊稱他的名號，如「嘉華仁波切」（最常用的，意即「至尊聖者」）、「白蓮尊者」、「如一切願寶王」、「寶識」、「上師」或最簡單的「昆敦」（kundun，藏語「尊前」之意，即最受尊敬的大喇嘛出現在眼前。）

噶廈於是向印度的英國殖民政府、北京政府、尼泊爾國王、錫金和不丹大王

發出正式文告。各國的特使都來參加坐床大典的慶祝節目。一幕幕東方式的
魔幻排場中，他們受到一視同仁的盛大接待。而讓與會者感到不可思議的，
是那孩子泰然自若的舉止和天生的高貴氣質。只見他輕鬆自在地行禮如儀，
儘管儀式非常冗長，但仍貫徹始終，絲毫無有差錯。

天津嘉措還記得，當他首度在布達拉宮的司西平措殿（Si-Shi-Phuntsok，意
即「有寂圓滿」），坐上無畏獅子寶座時，只見木製的座身上鑲滿無數的寶
石。他在那裡除接收達賴世系的個人印信外，還有個金輪和白法螺，分別象
徵俗世和出世的權力。基本上，他必須等到年滿十八歲，才能開始轉金輪，
在此之前，他主要的責任是全心全意地研習佛學。從今以後，他成了全國人
民所崇敬的上師，所有的人都要對他盡忠服從。相對地，他也必須保障每個
人的安全和權利。

## 神仙所蓋的布達拉宮

著名的玉克（Huc）神父在一八五○年左右寫道：

> 拉薩亞（Lha-Ssa）面積不大，該城周長頂多兩里，且不像中國的城
> 市那樣被圈在一道圍牆裡。在城區聚落之外，可看見許多種著大樹
> 的花園，給城市營造出一種綠蔭環繞的美感。拉薩亞的主要街道都
> 很寬敞、筆直，算得上乾淨……舉世皆知的塔磊（Tal）喇嘛宮，
> 無論從哪個角度來看，都絕非浪得虛名。原來在拉薩亞的北方，有
> 座不甚高的圓錐形岩山，隆起於大谷之中，望之有如大湖中的孤
> 島。土人稱此山為「普陀囉」（Bouddha-la），意即「佛陀山」、「神
> 山」；塔磊喇嘛的信徒，就是在這個渾然天成的雄偉底座上，興建

了一座華麗的宮殿，裡頭住著他們活生生的活神仙。[3]

約一個世紀後，一九四七年，德李安庫爾（Amaury de Riencourt）抵達時如此描述：

> 我們朝拉薩邁進，布達拉宮巨大的身影愈變愈大。我暗自拿它和世界上最大的宮殿相比，結論是，在這座令人目瞪口呆、可謂佛教世界裡的梵蒂岡前，西班牙的艾斯科瑞亞（Escorial）皇宮或英國的溫莎古堡，只不過是些臨時搭建的木板屋罷了。[4]

另一位美國記者，一九五一年來到這座諸神之城時，嘆道：

> 它那巨大的比例令人窒息，它那雄偉而簡單得幾近嚴肅的門面，以及整棟猶如從岩石中長出來的樣子，你很難說山在哪裡結束，而建築又從哪裡開始。布達拉宮共十二層，長好幾千英呎，高則超過八百英呎，換言之，就是紐約帝國大廈的三分之二高。老實說，它以自己的方式聳立在拉薩上方，讓我想起美國的摩天大樓。

> 布達拉宮內共有一千多個房間。最下面的是倉庫、政府辦公室、廚房和兩到三百個僧人的宿舍。西藏兩個主要金庫也在此處，一個是達賴喇嘛專用的「郎塞國庫」（trede），另一個則拿來支付戰爭和緊急開銷。那裡還有座關犯人的樓塔，以及達賴喇嘛的私人佛堂。樓上則有祈禱房、問政廳、接待廳、圖書館，以及歷任達賴喇嘛的靈塔殿。更高處則是達賴喇嘛的寢宮，以及其顧問、侍從等的寓所。[5]

然而這座紅白相間的宮殿，絕不僅此而已。曾於一九三六至三七年在西藏首

府待過的英國高級官員夏普曼（F. Spencer Chapman），有如下的記載：

> 對我而言，布達拉宮所展現的正是藏族人民的本質。它散發著一股無法馴服的高貴，與四周的蒼茫荒涼完全融為一體，有種紋風不動的貞靜，彷彿在說：「我在此地已經好幾個世紀，我願意永遠待在這裡。」……布達拉宮毫無疑問地是世上最令人歎為觀止的建築之一：它遠望就如棲息在拉薩平原一塊隆起岩石之上，那層層的金色

● 西元七世紀為迎娶文成公主所建造的布達拉宮，無疑是世上最令人歎為觀止的建築之一。有人說它望之有如大湖中的孤島，有人強調它自然地猶如從岩石中生長出來，並且展現了藏族人民貞靜堅毅的特質。

● 拉薩城位於雅魯藏布江支流奇楚河中游，從公元七世紀中葉開始便是吐蕃王朝的都城；十五世紀前期成為藏傳佛教格魯派(黃教)基地；十七世紀中期格魯派取得政權，這裡再次成為政治、宗教、經濟、文化的中心。此圖為布達拉宮下的古建築群，直至二十世紀五十年代，此處還保留了原來的風貌。

屋頂在陽光下熠熠生輝；凌晨，它在破曉前的黑暗中兀自發亮，一層如夢似幻的月光，籠罩著南面那道巨大的白牆。所有偉大的藝術、文學、繪畫或建築作品，都有種令人無法捉摸的特質，而這種特質通常來自於一些藝術家所無法控制的情況，布達拉宮就像世界上其他幾個完美得不容置疑的建築物一樣，它有種與生俱來的超越性，這與建造者的巧奪天工或歷史事件，甚至在無數信徒心目中的崇高地位無關。它那只應天上有的卓絕，任誰也不能否認……

布達拉宮及其四周環境如此協調，讓人覺得它好像並非人工建造，根本是就地長出。它具備一種大樹或崇山峻嶺所特有的宜人的不對

稱性，人們的視線首先會被位於正中的紅宮所吸引，然後再移轉到金頂殿堂，這樣的安排完全是為了讓眼光能自然而然地從較次要的事物，導向視覺上和精神上最基本的層面。因為布達拉宮最主要的特徵，就是它那些庇護歷代達賴喇嘛遺體的金頂，就如這些上師身後那不斷轉世的靈魂，才是西藏真正的精神。[6]

哈勒（Heinrich Harrer）最近發現：

西藏有個偉大的過去，那座為紀念大敗中國人而立於西元七六三年的石碑，就是很好的證明。當年吐蕃大軍一路攻打到唐帝國的都城長安，逼得唐朝不得不答應每年進貢五千疋絹絲，以示友好。但逐漸地，西藏人對戰爭的喜好開始移轉到宗教事務上，兼具寺院和堡壘功能的布達拉宮即是此時期的產物。有天，我曾問一個石匠，為何現在的西藏人不再像他們的祖先那樣，蓋些可以千古永流傳的偉大建築。他斬釘截鐵地回答：「布達拉宮不是人而是神蓋的，那些神仙都是夜裡才出現，將它蓋了起來，不然人如何能造得出這麼美妙的東西……」[7]

## 少年達賴的學習生活

小小年紀的第十四世達賴，也許還未真正地意識到這點。對他而言，這些年就這樣過去了，除了上學，還相當地寂寞孤獨。小沙彌的入門功課包括讀書和在木板上學習寫字，背些很煩人的經文，還有哲學思辨和打坐。剛開始，這些必修課程都是和羅桑桑天一起學習，兩個小兄弟精力充沛，愛惡作劇，常把莊嚴肅穆的佛門重地攪得天翻地覆。不久之後，羅桑桑天被送進一座私

（下接第94頁）

## 拉薩的宗教節慶

● 左圖：此幅布達拉宮壁畫表現的是布達拉宮前所進行的曬大佛儀式。從宮前的雪村至宮頂都有表演節目，以及僧人們圍繞布達拉宮所做的盛大儀式場面。

● 上圖：祈願大法會。在大昭寺所舉行的祈願大法會，是宗喀巴所創的祭祀儀軌，於每年藏曆正月初三到二十五日舉行。它不單是格魯派最重要的法會，也是西藏最大的慶典活動。法會目的在於祈禱祝願藏土昌隆、佛法興盛之意。三大寺和其他寺院的僧人要聚集在大昭寺進行這個活動，拉薩要群集二至三萬俗人與四至五萬喇嘛，一時大有佛城或聖城的感覺。這是達賴喇嘛十四世最害怕也最喜歡的節慶之一，害怕是因為要背誦經文，儀式時間又很長；喜歡是因為儀式結束後，他可以獲准外出，感受歡樂的節慶。圖中所繪為十五日夜晚，達賴十三世沿八廓街供養巨大彩色酥油花供品的情景。

●二十五日，祈願大法會最後一天是戶外活動的日子。首先在八廓街迎請彌勒佛像前導繞境之後，便舉行摔跤、賽馬、賽跑等活動來結束慶典。達賴喇嘛說：當人與馬同時抵達市中心時，造成一種有趣的混亂場面。

●七月一日開始，在諾布林卡的雪頓節藏戲表演，也是達賴喇嘛所喜愛的節慶。圖中藏戲團表演松贊干布傳、佛陀本生傳、諾爾桑王傳、直美貢丹傳。達賴喇嘛不只是看戲，也看來看戲的人。

人學校，從此天津嘉措在邁向未來的道路上，更顯得形單影隻。

## 一個單純的和尚

儘管這段時期對他的養成非常重要，但達賴喇嘛很少提及。「一個單純的和尚」，寥寥數語中，他自認爲在這點上沒什麼好說的，因爲不誇示自己的學識和個人成就，是佛教徒的金科玉律。唯有透過言行舉止和平日的處世態度，我們才能看出一個人的道行有多深。眞正的智者無須炫燿，他就是他，他的行爲已說明了一切。

若達賴喇嘛願意談起這段過去，都是爲了舉例說明，使用的也是一些不甚精確的詞句：

> 我以母語來研習佛學，而且我很小就出家了，這是説環境對我特別有利。就個人的層次而言，差不多要到十五、六歲時，我才對修行產生熱誠，從那時開始，在這方面就從未停止過。不懈怠的修行意願是很重要的，這樣內部的發展才能逐步完成，進步來自於每天不斷的努力。[8]

達賴喇嘛的大哥圖登吉美諾布，由於被認證爲塔澤喇嘛的轉世靈童，所以也是從小出家。他跟著家人遷居拉薩那年，大概十六歲左右。他對當時情況的描述，可謂十分中肯：

> 到了拉薩後，我有很多時間可以和家人相聚，只可惜嘉華仁波切能給我們的時間並不多。我跟著人家參觀拉薩，心中既有朝聖者必須上聖地朝拜的虔誠，也有觀光客的好奇。我和一些社會最上層的人

物來往，這是我從前在安多時無論如何也想不到的。不過我並不覺得他們特別值得崇敬，更沒有什麼值得令人羨慕的。

沒有人會因盡責而要別人格外敬重他，而偶然出生在貴冑之家的貴族們，也和我們一樣有自己的責任。拉薩政壇的陰謀和詭計絲毫不遜於其他地方，因為政府並非如一般所想像的全由僧人組成，而是僧俗各佔一半。[9]

## 風雲詭譎的權力鬥爭與國際政局

沒錯！西藏高原上那規模雖小卻風雲詭譎的權力世界，無論僧俗從未缺少過謀略。天津嘉措才升座後不久，很多神諭便警告攝政王若不退出政壇，虔心打坐、念經的話，便來日無多。熱振仁波切不得不依言而行，更何況其聲望逐年下跌，城裡或廟裡到處都傳說他犯了淫戒，又肅貪不力，整個政府都是他的親戚，他只好下台，讓位給道行高深、頗得民心、時任達賴副經師的達扎仁波切（Taktra Rimpoche）。至於當初帶人一路找到塔澤村的領隊結昌仁波切，則成了小達賴身邊幾個最親近的管家之一。

● 十四世達賴喇嘛在遷入布達拉宮後，被安排住在達賴五世位於頂樓的臥室。在他孩童的記憶裡，他每天六點就要起床梳洗，祈禱靜坐，吃過早飯後，就是書法課、背誦課。十點出席為政府官員舉行的會議，然後回房繼續學習到十二點左右。接著才是他一天最重要的節目：遊戲。他唯一的友伴是他的哥哥羅桑桑天。

●十三世達賴喇嘛圓寂後，熱振仁波切出任攝政。十四世達賴喇嘛的尋訪、剃度、升座都是由他主持。1941年達賴喇嘛升座後不久，他即被神諭警告退出政壇，虔心懺悔。他不得不將職務交給較具人望的達扎仁波切。六年後，他企圖重新奪回權力，失敗後下獄，不久即死於獄中。

那幾年的過渡時期中，在西藏的外來勢力仍持續競爭，不過雪國領導人顯然並未看清楚背後的利弊得失，他們對那瞬息萬變的外面世界似乎不甚了解，或幾乎不感興趣。攝政王的交接才過不久，喜馬拉雅的圍牆就立即被第二次世界大戰的旋風掃到：中緬公路遭日軍截斷，中國因此無法繼續由此獲得來自印度的補給，中國和印度的領導人便想到要從西藏東南的察隅（Zayul）(10)，開鑿另一條平行的軍用公路。

拉薩的西藏外交局隨即受到中、英兩國代表的施壓，開路申請接著被遞交到噶廈，再上呈攝政的達扎仁波切。達扎攝政則參考「衝都」（tsongdu）──商討國是的民眾大會，唯有在緊急狀況下舉行──的意見作出決定。不料衝都根本不理會中國的威脅和英國的壓力，拒絕讓軍需用品在西藏領地上通過。西藏政府只好對英國代表解釋，那是因為他們的國家希望保持中立，不願捲入戰局。儘管如此，為了不得罪當時統有印度的英國王室，拉薩還是發了一張許可狀，允許盟軍將非軍需物資由西藏運往中國。

沒想到幾個月後，布達拉宮竟來了兩個不速之客──華盛頓戰略情報局的托爾斯泰（Ilya Tolstoi）上尉和杜蘭（Brook Dolan），他們正式奉命特來西藏尋找能運送補給品到中國的路線。這是首次有美國來使在拉薩受到名副其實的招待，並獲得達賴喇嘛的召見。在這次歷史性的會晤裡，羅斯福總統和年輕的西藏法王互換了極其禮貌性的信函，還有一些禮物。一個月後，兩位美

國使者在西藏官員萬分殷勤的護送下，一路到中國邊境上的西寧，好繼續進行任務。

## 學習經文與形式問政

儘管達賴喇嘛曾在一九四三年二月二十四日致美國總統的國書上蓋上個人的印信，但小男孩對這種世俗的禮尚往來並不熟悉。在諸親師嚴格卻不失和藹的眼光下，男孩大部分時間都用來學習——或導師所說的，在幫他「恢復記憶」。即便是最艱澀的經文，天津嘉措均能快速吸收，眾經師莫不嘖嘖稱奇。他在布達拉宮與諾布林卡各有專用的上課學堂，每天的作息幾乎一成不變。

清晨即起，盥洗過後，便開始打坐和做早課。吃過早餐——通常是茶和加蜂蜜或冰糖的糌粑，接著上第一堂課是讀與寫，然後背誦經文，再測試記得多少。稍事休息後，便開始處理時政。攝政王和大臣們會向小達賴喇嘛報告正在進行的案子，有時官員也會補充報告，或有些敏感的情況要請他裁示。只不過當年這些動作的儀式性意義遠大於實質，重要的決定仍留給真正在位的負責人。

●繼熱振仁波切為攝政的是達扎仁波切。他是達賴喇嘛的副經教師。

當形式的問政過後，另一位經師會為他複習早上背過的經文，然後午休時間的法螺和鐘聲就會響起。對那身為達賴喇嘛的孩子而言，這意味著解放——一段總是轉眼即逝的遊戲時光。這個沒什麼娛樂的孩子，主要的玩伴就是那些僕役和清潔工，一面等著最小的弟弟天津秋結（Tenzin Choegyal）長大，

●1943 年，二次世界大戰
期間，美國派托爾斯泰上尉
和杜蘭兩位使者，前來西藏
考察可運送補給品到中國的
路線。當時的西藏政府希望
在英、中、俄、美等國間保
持中立，但這顯然是困難
的。下圖為一個月後，在西
藏官員的殷勤護送下，兩位
使者離開拉薩。

能陪母親一起來看他。不過，對小小年紀的嘉華仁波切而言，與親人見面的機會自然是少得可憐。

### 拆解模型玩具，樂趣無窮

關於這段訓練時期，達賴喇嘛還記得一些外國客人所帶來的禮物，印象尤其深刻的，除了羅斯福總統交付兩特使送來的一對會唱歌的鳥兒和一只金錶，尚有英國貿易使節團拉薩辦事處處長致贈的一套麥肯諾（Meccano）牌鋼鐵

模型玩具，都曾讓他十分著迷。

他還喜歡在他那些前世滿佈灰塵的倉庫裡尋寶，有時會找到一些舊錶、音樂盒和生鏽的機器人。為了一窺堂奧，他會設法拆解再很認真地組裝回去，如此養成他日後對工藝和精密儀器從未稍減的高度興趣。

至於中國政府寄來孝敬他的上好絲綢，因為實在不曉得如何使用，所以他始終無動於衷。那些從外國來的玩具，都是透過一位駐守在藏、印邊境上的官員轉寄，通常還附有整箱的蘋果。其中有輛不知從何處來的模型火車，陪他度過了好一段快樂的休閒時光。這位未來的和平使者，有段時間對一組玩具鉛兵非常沉迷，並喜歡拿糌粑捏一些坦克或飛機為樂。幾年之後，他親手用火熔化了這支軍隊，並小心翼翼地將它們改鑄為一群……喇嘛！

### 望遠鏡裡的遠方友伴

用過輕便的午膳後，便開始下午的課程。這孩子對那些深奧的課文可說是左耳進右耳出，不過，每天在下午茶前必修的辯論課，倒是較能引起他的興趣，然後就是哲學論戰實習。

晚餐前，天津嘉措會在戶外待一會兒，獨自爬上布達拉宮的屋頂，掏出一支在前世留下的各種古怪玩意裡找到的望遠鏡，從那裡觀察拉薩和城中居民。夕陽下，牧童唱著歌，趕牛羊回到依偎在他那座紅白宮殿腳下的雪村（Shol）。達賴喇嘛偶爾會承認，曾想跟那些農家小孩打成一片。

山腳下有座監獄，他也喜歡眺望那些傍晚放風散步的人犯，他們每見到他就會五體投地……

### 「掃地工人」玩伴

除了這些只能神交的遠方同伴，小達賴喇嘛較易結交的朋友就是那些跟在身邊的侍者。除了與諸經師、導師的關係會隨時間而變化，他還會以一種有特殊情感的夥伴立場，不帶成見地注意到每個人，這種無論是天生或後天養成的特質從未稍減。

直至今日，他那聆聽和溝通的能力，仍讓來自四面八方的訪問者震撼不已。另外，他自己也說過，因為從小就與周遭一些出身寒微的人交往，所以有良好的機會學習如何與人互動，並識得眾生的真正價值。

布達拉宮、諾布林卡和大昭寺的「掃地工人」——他在回憶錄中如此稱呼他們，大部分雖是由退伍士兵或出身低賤者擔任，但他們倒也不因此就較不會玩耍。天津嘉措每次想玩鉛兵大戰需要對手時，就找他們來參加。只不過一旦開戰，管你是不是達賴喇嘛，大家都拼了命想贏，怎顧得了那孩子王是否喜歡，最後總是數量最多、反應最快和智謀最高的人獲勝，據說有時還會把他氣得跺腳大發雷霆⋯⋯

令人驚訝之事並非都是驚喜。達賴喇嘛剛開始在大昭寺——此處一如全國其他的大小寺院，都設有他的專屬套房——主持法會儀式時，有次到處找不到那幾個做完法會後喜歡找來一起玩的僕役。別人告訴他有好幾個平日被他當成是朋友的，在他上回離開後，竟撬開他的房門，進去偷了好幾樣寶物，例如金貢缽和專屬達賴喇嘛使用的法器⋯⋯結果人贓俱獲，不容狡辯，一夥賊偷立即被掃地出門。

## 與清潔工朋友分享晚餐

平時天一黑就要吃晚飯。一般而言，佛教僧人是過午不食的，但對剛剃度的弟子以及還在成長的小沙彌，這條戒律就不那麼嚴格。不過，晚上的荣單也不會太好，通常一定有茶，再加上一碗荣湯或一杯酸奶——有時為了增加營養會放點碎肉，以及母親特別為他烘培的各種麵包。

這些相當簡陋的晚餐，達賴喇嘛有時和清潔工朋友分享，有時與一、兩位從私屬的尊勝（Namgyal）經院來布達拉宮朝觀的師父共進。不過最常一起用膳的，是擔任他貼身管家的三位和尚。

他雖很不喜歡那位新來的主管，因為他格外嚴屬，每次一出現，笑聲和閒談就會馬上沉寂下來。不過，他仍忘不了那段宮外風雪大作、危機四伏的冬夜裡，眾人圍著火爐喝湯的美好時光。

## 奇幻故事與老說書人

儘管小男孩被照顧得無微不至，但精力充沛的他，在偌大的宮殿裡顯得形單影隻。如果天氣好，他便到樓下的天井透透氣，順便複習白天學過的經文和禱文。達賴喇嘛承認，剛開始有好長一段時間，他都寧願「溫習」一些自己發明或聽來的故事，甚至自己改編，好讓它們聽起來更刺激、恐怖。不過，有時也會因這些故事而受到驚嚇，害自己要回房就寢時，一路心驚膽戰。

臥室就位於屋頂下，他的前世曾住在裡面，由於長年灰塵覆蓋，床頂的華蓋早成了蝨子和老鼠的樂園。小達賴睡著了，由於廣大的喜馬拉雅山區裡，到處住著民間傳說中擁有超自然能力的奇幻人物，所以隨著他入夢的，是一整

支花花綠綠的隊伍，直到有天他學會如何馴服牠們。

對達賴喇嘛而言，西藏歷史上最古老的、充滿英雄事蹟和探險傳奇的史詩《格薩爾王傳》[11]，一直會讓他聯想起一個老說書人。從前在布達拉宮時，他會專爲他說這些精采的神話故事，一次都好幾個小時。他回憶道：

> 一個很棒的說書人有時進來講這些不可思議的故事給我聽，我很喜歡聽他說書，對他印象非常深刻。您知道爲什麼嗎？因爲他不僅知道很多細節和各種不同的版本，即使有些可能是他自己編造的。他還有個很大的茶碗，大得不得了！他拼命把飲料往碗裡頭倒，捧起來咕嚕咕嚕地灌，竟毫不費吹灰之力。不過話說回來，這可是他的薪水，還有，也一定是他的樂趣：喝達賴喇嘛廚房裡端出來的茶。[12]

## 苦修猶如懲罰

那些年裡，他的人格就在一塊西藏人所謂「自古即有，無始無終」的沃土上，奠下了基礎。定期的閉關，同時塑造達賴的生活及其整個存在方式。他剛開始很不喜歡過年前爲期約三週的苦修期。這期間只有一位導師或老喇嘛陪他，每天只上一堂課，不准踏出門一步，最重要的是保持肅靜和冥思……有時簡直就有如一種懲罰。

除了打坐和念經，天津嘉措唯一的娛樂就是眺望窗外。這邊可看見色拉寺的廂房、大殿和金頂，遠遠地掛在山頭上，另一邊那一系列畫在行政大會堂（就在閉關室的隔壁）牆壁上的唐卡，總是讓他百看不厭。

這些繪製在絹絲上的華麗圖畫，描繪密勒日巴(Milarepa)[13]的一生，這位苦

行僧的信徒不但遍及整個喜馬拉雅地區，其詩作在西藏人民之間更是傳唱不絕。可惜這批藝術瑰寶歷經歷史動亂，如今已不知流落何方。

## 認真學習的開始

受到嚴格訓練的達賴喇嘛，因為記性佳，學得又快，所以和老師們都處得很好。只是他常打馬虎眼，應付了事……情況嚴重到讓他的書法老師，亦即當初曾隨團到塔澤尋訪他，後來並擔任達賴三位貼身總管之一的舍壤天津，不得不想辦法來對治他這種屢勸無效的漫不經心。為了激發孩子的學習意願，他於是建議這位顯赫的學生與一個掃地朋友來場比賽，以自我評量。

想到要跟自己最喜歡的一個夥伴比試，孩子就覺得來勁，哪知道舍壤天津早就把答案全放水給對手了。最後，在大出意料之外和強烈的羞辱中，小達賴不得不承認自己輸給了對方的機智和博學。他並不怨恨，只是接下來的一段時間裡，變得非常用功，直到故態（或本性）復萌。

> 直到成年，我才明白學問有多重要，並開始很認真地用功。現在我很後悔從前那麼懶散，每天一定要花上至少四個小時來唸書。在我的啓蒙過程中，可能缺乏的就是同儕競爭的刺激吧！(14)

## 由電影看世界

此外，他對機械也一直很感興趣。那幾年裡，小達賴常會跑進布達拉宮的倉庫和儲物間翻箱倒篋，他前世在裡面留下的東西，對一個孤單的孩子而言，可能藏了不少寶貝。

有天，他翻出兩件手搖電影放映機，以及一些沾滿灰塵的底片膠捲，他很快猜中用途而躍躍欲試，想要觀看卻又苦於不知如何操作。但當時九歲的他，就如所有目標明確的孩子一樣不屈不撓，最後終於在諾布林卡逮到一個知曉箇中奧祕的老和尚。

這個老和尚是漢人，一九〇八年十三世達賴到北京出訪時，他跟著他皈依佛門，後來就一直在達賴的夏宮裡出家，年紀愈來愈大，記憶愈來愈差，與世無爭。他向新主子揭示了電動發電機之謎和放映機的妙用後不久，就正式地離開了這無趣的萬丈紅塵。達賴喇嘛雖記得他脾氣暴躁，「像許多中國人一樣」，卻很感激他讓他開了眼界，從一支喬治六世（George VI）加冕典禮的紀錄片裡見識到電影。

然而令天津嘉措印象最深刻的，是一部有關開採金礦的影片，他發現原來礦工必須冒著如此大的生命危險，由此對所謂「剝削勞工階級」的議題產生一種很精確獨特的看法。這在日後的歲月中，時常會引起他的注意。

此外，達賴喇嘛對尋常百姓也一直很感興趣，在他那些很罕見的樂趣中，有一項就是趁著出宮時，能直接觀察到一般人民的生活情況，因為這樣的機會很少，所以他就更珍惜這稀有的自由了。

### 後知後覺的西藏

從當時發生的一個意外事件中，西藏政府其實應警覺到喜馬拉雅高原已到非改變不可的時刻，且最好盡快有所反應，以免在該事件所預示的未來動亂中遭殃。然而，這警告卻如十三世達賴喇嘛那份諄諄告誡的遺囑[15]一樣，絲毫未引起西藏當權者的注意，他們也許對自己的孤立情況太過自信，同時對戰

爭會帶來的科技進步毫不知情。

意外事件發生於一九四四年，直而言之，就是有架戰鬥機墜毀。機上正在執行中、印物資補給的柯羅茲中尉（R.E. Crozier）由於迷路，燃料耗盡，只好讓飛機墜毀在離拉薩不遠的桑耶寺（Samye）附近。當地民眾不但予以救助和接濟，隨即將人機一路護送至印度邊境。美國駐印度大使館除對此義舉善行深表感激，並重申美國飛機不再飛經西藏領空的承諾。拉薩當局因此作出結論，認為也許該讓一些公務員學習英語，以後到外國才能與人溝通……

於是在拉薩成立英語學校，專門將一些傳統外的學科，傳授給當地那些日後將進入公家機關服務的貴族子弟。首都附近的寺院因此群情譁然，人人都擔心這些外來觀念會對宗教信仰產生有害的影響。這間學校於是和當年（一九二三）十三世達賴喇嘛要求江孜（Gyantse，時為英商在藏的主要轉運站）各校須將英文列為必修課程的政策一樣，遭到相同的下場，幾個月後即關閉，學生們則轉學到錫金或印度。只不過一九二三年的改革企圖，好歹還維持三年之久……

儘管在世界屋頂上，幾乎聽不到天下大亂的兵馬雜沓，但平地上野蠻人的風俗習慣，仍可能波及於此。關於這點，拉薩的袞袞諸公和星象大師們卻需要好長一段時間才能領悟。西藏將為這份後知後覺付出代價，而少年達賴更將從中識得生命現實的殘酷。

刻有六字真言「唵嘛呢唄美吽」的岩石（黃丁盛攝）

第 **5** 章

# 行道之人

人們或許認爲達賴喇嘛是無所不知或無所不能，但是達賴喇嘛對自己的看法則是：「我不過是個還在路上的修行者，而且距離目的地還很遙遠。我擁有達賴喇嘛的身份，……但我不過是個希望能得到名師調教，精進再精進，並恰如其份地實踐所學的比丘。」

依西藏人的說法，達賴喇嘛並非訓練出來的，而是本然所致。即使達賴喇嘛有很多名字——不但暗示著各種品性，並讓人不禁想起傳統佛像頭上由千手所形成的光環，他是獨一無二、天下無雙。因為西藏人深信，達賴喇嘛和普通人類不同，他是個很厲害的神祇化身，這神祇的首要任務是守護雪鄉，其次是讓佛光普照八方。

## 嘉華仁波切並非「神王」

也許我們應先澄清：嘉華仁波切——「至尊勝者」，在信徒眼中並非外界常指稱的「神王」，這稱呼會讓藏人覺得好笑，因為這當中有一個一開始就存在、不符合藏人世界觀的誤解。

對藏人而言，達賴喇嘛既是六字觀音——西藏守護神觀世音菩薩的轉世，同時也是個人，一如所有其他人類，受制於一套生老病死的存在法則。他的身分地位就是不同於一般人，而他的資質與能力使他出類拔萃，（人神一體的）矛盾不過是表面上的。

一旦被認證為達賴喇嘛後，小小年紀的他就受到來自四面八方的膜拜。但人們拜的並非其肉身，而是他所代表的那個概念，以及透過他所具體呈現出的佛陀本質。

當然，信徒表現的虔敬之情和有時已陷入盲目的忠誠，的確會讓人看得目瞪口呆，甚至一頭霧水。不過，現任的達賴喇嘛對其中主要的分別極有意識，一有機緣就會說明。關於這點，他的大哥圖登吉美諾布看得非常明白：

　　我們深深感激「觀世音菩薩」，因為祂願意轉世為人，藉此更有效

● 達賴轉世者被認為是大慈大悲觀音菩薩的示現，在西藏被稱為「千熱息格」(Chenrezig)，即六字觀音，也被稱為白觀音或四臂觀音。西藏人深信，達賴喇嘛是守護雪域的觀音菩薩為了救度眾生而投身為人，所以與一般人一樣擁有一個會壞滅的肉身，得經歷生老病死的輪迴痛苦。但達賴喇嘛擁有一般人所沒有的累世的智慧，因此，必須經過嚴格的訓練將他本具的智慧召喚出來，以準備成為藏人的精神領袖與世俗領袖。左圖的六字觀音手持蓮花與念珠。

地給予我們所需要的指導。……我們從來不覺得自己是最優秀的，相反地，我們認為祂之所以會被派來給我們，那是因為我們是個非常野蠻又沒有文化的民族。[1]

於是這孩子就在一種即使不算遺世獨立，至少是不受干擾的狀況下漸漸長大，為迎接自己的命運做好準備──不論別人認為他體現一個既永恆又無常的傳承，或當他只不過又換了一副肉身。

## 嚴格的學科訓練

無論如何，他都必須接受非常嚴格的訓練，再說這也是所有決定重返弟子間的大喇嘛所不可或缺者，更遑論他是象徵藏傳佛教本質，肩挑整個民族精神和世俗遺產的領袖人物。透過一種微妙的化學作用或能量的雙向交換──由下而上的景仰，以及由上而下的悲天憫人，彼此對流，生生不息，希望便隨之而生。

為了迎接這最高或無上的挑戰，根基非得深厚不可，而眾親師們似乎也不遺餘力地要把這個天賦異秉，卻未見得肯用功的孩子，變成能承受藏民族苦難、夢想和希望的磐石。在崔簡（Trijang）以及林（Ling）兩位仁波切──他們是他兒時的良師，後來陪他一起流亡到達蘭薩拉（Dharamsala），直到八○年代初逝世為止──的督導下，天津嘉措很早就開始學習藏傳佛教五大學科：梵文、西藏文化和藝術、醫學、因明學和佛學，並不斷地精益求精。

其中佛學又可分為五大項和五小項，前者是般若（Prajnaparamita，無上智慧）、中觀（Madhyamika，中觀哲學）、因明（Pramana，認識論或邏輯）、毗奈耶（Vinaya，戒律）和阿毗達磨（Abidharma，形上學），這些恐怕連

大人都會覺得很困難。五小項則是修辭學、詞藻學、韻律學、戲劇學、星象學。此外還特別重視辯證法（辯論藝術），而圍繞主修課程的尚有成千上萬條的評語、註解和註釋。

以上這些學問，全都奠基在西藏大藏經的《甘珠爾》（kangyour）和《丹珠爾》（Tanjour）兩部經論上，所有出家者對此皆要有透徹的認識，或須熟記在心。《甘珠爾》收錄佛陀及其幾位入室弟子的親身說法，計一百一十八卷，四萬八千章；《丹珠爾》則是集數世紀以來，藏、印兩國經師的闡明註疏而成，共二百二十五卷。其中還包含坦特羅（tantra）[2]的四大修行法——密宗四

●身為未來藏民的宗教領袖，達賴喇嘛從小就必須接受嚴格的宗教訓練，以準備通過最高的格西學位考試。他以「置身超級學者間」來形容自己的教育過程。圖中為他最重要的兩位親教師，左為林仁波切，右為崔簡仁波切。

## 布達拉宮的藏經庫

● 布達拉宮的藏經庫（右圖）與以木匣保護珍藏的藏文版大藏經（上圖）。佛法是達賴喇嘛最重要的學習課程。內容包括五個部分：般若、中觀、戒律、阿毗達磨、因明。在西藏。僧侶所使用的三藏經典都被收集在：正藏《甘珠爾》與續藏《丹珠爾》裡。正藏《甘珠爾》主要為釋迦牟尼親傳的經典，包括佛教教義和戒律；續藏《丹珠爾》則是歷代大師對佛教教義的各種註釋，以及密宗四續。要進入密續的修行得先完成顯教經典的學習，時間可能花上二十年。

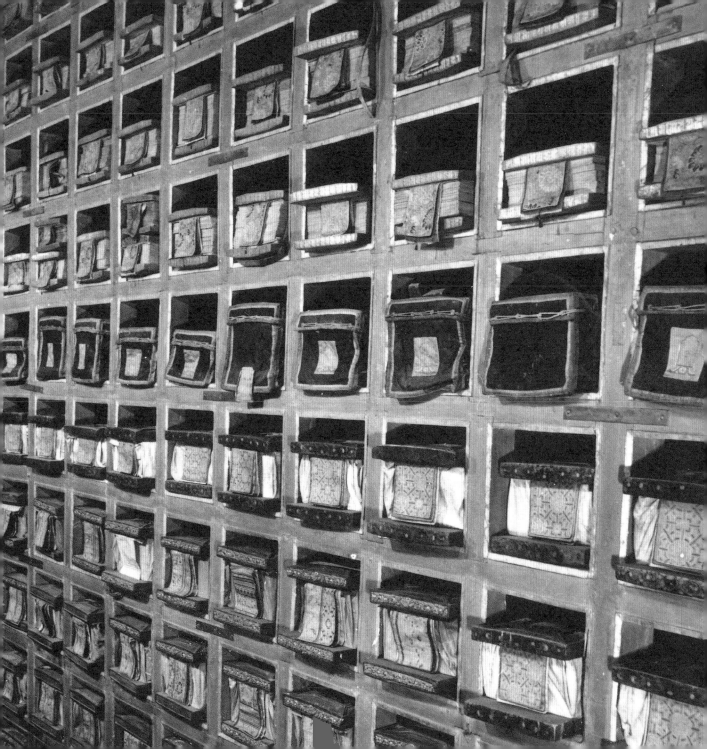

續(3)。不過在修持四續之前，必須先做好準備功夫，據說一般至少需要二十年的發憤苦讀。

## 誓願依止三寶與上師

在小沙彌正式剃度出家時，基本步驟之一即「皈依三寶」。這是沙彌戒的基礎，誓願將一己的性命和一切所爲，從此置於「佛」、「法」、「僧」三寶無所不在的庇蔭下。佛教世界中，無論教派或地區，皆有「三寶」之說。除了服膺佛、法、僧之外，藏傳佛教中的皈依對象尚有喇嘛上師——一個活生生的、能引領入門和傳遞法門、指導眾生走向覺悟的大師。由於他一人而兼備意（spirit）、語（word）、身（body）三者——即藏文所說桑傑（sanggye，佛）、卻（chos，法）和根敦（gendun，僧），所以也被認爲是佛教信仰本質的具體表現。由於每個用字可能有好幾種解釋，端視它出現在何種世俗或宗教情境中。而且，從最初級的顯修到最高級幽微的密修，每個修行階段都會碰到一連串的象徵和意涵，所以最好亦步亦趨、寸步不離地追隨上師。另外也要牢記，在西藏的師徒關係，彼此的義務是不分軒輊的。

## 以宗教為先的教育

儘管當初天津嘉措或許無法眞正意識到這是何等的重責大任，但他仍踏上這樣一條人生道路。他奮力地在知識的階梯上，一級級地向某種智慧攀升，而在今日的達賴喇嘛眼裡看來，這種智慧其實是來自於日復一日的勤學不倦。

若說達賴和班禪兩大喇嘛的轉世靈童在受指認時，一向必須經過嚴格仔細的認證，那麼他們日後接受的教育也不會因而鬆散。達賴喇嘛雖是不折不扣的宗教兼政治領袖，卻以宗教為先，所以首重這方面的教育。從這角度來看，

他必須先認眞研讀宗喀巴改革教派（格魯派）的文章，而儘管小小年紀，他也立即投身其中。

## 喚醒前世記憶的學習

即便是高僧轉世，也無法避免學習的過程。在死生輪轉中，記憶和知識都會隨著模糊淡化，因爲書本上的學問無法跟著人去投胎。

從藏傳佛教的觀點來看，只有修行才有價值。修行既能讓人平安地度過死亡階段，且決定下輩子會轉世到什麼新形體中。至於學問，就得重新學習，儘管實際上這只是一種「複習」，主要目的在喚醒前世的記憶。

> 無論其他信徒或非信徒的人是如何看待我的，就算他們認為我無所不知，但在這看法之外，就我個人的觀點，我不過是個還在路上的修行者，而且距離目的地還很遙遠。當然，我有達賴喇嘛的身分，我是達賴喇嘛，不過作為一個個體，我不過是個希望能得到上師調教，精進再精進，並恰如其分地實踐所學的出家人。在藏傳佛教中，藉由傳承讓世系綿延下去是最重要的……
>
> 在這種情況下，知不知道都無所謂，要緊的是銜接法的傳承，缺少這個，累世的福報就不算獲得真正的移轉。至於透過讀書和辯論來學習，則是另外一回事，若要讓傳統保持下去，就須由一位有資格、有經驗的上師來引領。至於我的話，我不可以說因為我是達賴喇嘛，且已在前輩子學習過這些課程，所以無須什麼傳承，就可為任何人指導方向。我仍然必須先從一位真正上師直接獲得傳承之後，才有資格如此做。[4]

說到上師，天津嘉措可是從來也不缺。由於態度開放，心胸寬廣，他幾乎從未停止學習，從探索藏傳佛教各家各派的奧義，直到試著和其他方式的生命宇宙觀有所接觸和對話。當他退隱在布達拉宮或諾布林卡時，經過拉薩的外國人雖少之又少，不過一定都會要求晉見達賴喇嘛，而他一定會接見，即使只為了看看對方的模樣，因為嚴格的外交禮節絲毫不鼓勵溝通交流。

## 達賴喇嘛與家人的互動

達賴喇嘛從小離家，自幼在寺院裡長大。即便是自己的兄弟姊妹，基本上也都把他當成精神領袖，並以藏族專有的恭敬態度來和他互動。能和他心連心的只有母親，如此的關係持續到老太太流亡達蘭薩拉與世長辭為止。至於父

● 從布達拉宮城牆上就可遙望拉薩城景，較前方的白色建築為達賴喇嘛家族所住的房子。達賴喇嘛從小在寺院中長大，十二歲熱振仁波切就禁止他與家人接觸。即便是自己的兄弟姐妹，基本上也都把達賴喇嘛當成精神領袖，並以藏族特有的恭敬態度來和他互動，能與他心連心的只有母親。

親，由於在他十二歲時就亡故了，只留下一個模糊的記憶。

這位來自安多的農夫是個愛馬人，他自與兒子一同進京後，就將時間全投注在這項最喜歡的娛樂上。在拉薩，達賴的家人得以遷進一座專為他們建造、離布達拉宮不遠的大房子裡。不過京裡的王公貴冑很瞧不起這鄉下來的土包子，他舉止魯莽，慣開一些低級趣味的玩笑，和拉薩那個彬彬有禮、相當排外的小圈子截然不同。達賴喇嘛本人對馬倒是從未有特殊的親切感，他比較喜歡犛牛。秋天，當成群要被趕到屠宰場去的牲畜，經過他那座大宮殿的一扇窗戶下時，他從高處看見了，總是會趕緊派人買下牠們，然後放養在那些達賴名下的莊園裡。

● 達賴喇嘛的母親與小弟天津秋結合影於自宅的樓台上，背景為布達拉宮。達賴喇嘛初入布達拉宮時，與家人仍有密切接觸，這是他的快樂時光，母親總是會給他他喜歡的食物。小弟拿里仁波切比達賴喇嘛小十二歲，經常是大家的開心果。

達賴喇嘛就職後，他們家的社會地位不但隨著提升，還獲得一些在其他狀況下所不可能擁有的資源。當然，大哥從前被指認出是某個重要喇嘛轉世時，立刻就獲准進入經院就讀；二哥嘉樂頓珠（Gyalo Thondup）稍後也負笈南京，就讀於軍校。但父親旋即過世，而成為一家之主的寡母則傾向與中國保持距離，寧願讓其餘的小孩接受和印度或其他國家有關的教育，於是和傑出的小弟在一起最久的三哥羅桑桑天，後來就被送到印度的一家私校上學。

澤仁多瑪是這人丁旺盛的家族中，同輩堂表兄弟姊妹中年紀最長的，達賴喇嘛出生時，她已經十八歲，手腳俐落，精力充沛，是母親最好的幫手。她這種人格特質在後來到外國的前幾年中，特別能有所貢獻，她不但成立孤兒院[5]，且蓋學校，在流亡之初的艱困環境中，同時確保西藏下一代和文化命脈的存續。

達賴喇嘛的幼妹傑春佩瑪（Jetsen Pema），曾在卡林邦（Kalimpong）[6]一家由愛爾蘭修女所創辦的洛雷托（Loreto）聖母女修會當過寄宿生。至於最小的弟弟天津秋結也被認證是個大喇嘛的轉世靈童，留在家中跟隨一些經師上課。不過他後來放棄拿里仁波切（Ngari Rimpoche）的頭銜，還俗並隨侍達賴喇嘛，忠心耿耿地為他效勞。

## 避暑夏宮

這些在布達拉和諾布林卡冬、夏二宮中輪流度過的歲月，儘管大致上和過去百年來的傳統大致相同，但天津嘉措還是能以專屬於他的好奇眼光來看待這樣的日子，一旦碰上有活動時，這份好奇心就更強烈了。

布達拉宮距離諾布林卡雖只有三公里，很快就可到達，但每次更換居所都像在大搬家，這是規矩。因為每年達賴喇嘛坐上轎子，浩浩蕩蕩地被抬到諾布林卡去的那天，也是政府改變作息，官方宣佈換季的時機，只見官員們紛紛褪下多衣，換上夏裝，聖駕所經之處，老百姓無不匍匐恭迎。不過，這段路他寧願騎馬或步行，以便「享受鄉下景物」。

這時節，「正值芽萌葉出，到處湧現新鮮的自然美」[7]，那種柔和的綠意，讓他陶醉不已。在一段既冗長又煩人的典禮過後，終於宣佈出發了。那些穿金

戴銀的坐騎邁開腳步，一支五顏六色的隊伍緩緩前行，而坐在那插著寺院旗
幟轎子裡，掀開簾子的少年喇嘛，一顆心巴不得目的地趕快到達。

那孩子毫不惋惜地離開有一千個房間的宮堡，前往一處看來如鄉下房子、位
於大林苑中央的別墅避暑。那裡的日子似乎較不嚴肅——或許可以這麼說，
因為即使仍得照常上課，但至少空氣較新鮮，人也跟著舒暢起來。

## 與動物的相處

小徑上到處可見半野生的動物，與一群麝香鹿為伍的竟是幾頭模樣嚇人、專
門守衛的獒犬。籠子裡關著兩頭花豹和一頭很老的老虎，讓孩子不禁興起一

● 達賴喇嘛與家人合影於印度，這幾乎是唯一的一張全家福（達賴喇嘛的父親於他十二歲時過世）。由左起母親、大姐澤仁多瑪、大哥圖登吉美諾布、二哥嘉樂頓珠、三哥羅桑桑天、達賴喇嘛、幼妹傑春佩瑪、小弟天津秋結。

種模糊的、對自由的感觸。他還記得一整群翅膀被截斷而飛不動的加拿大雁，讓他心裡好難過；幾頭趾高氣昂的蒙古駱駝，讓他嗅到大漠的氣息；那些鶴和孔雀，則讓他見識到稍縱即逝的美。

在經年累月地觀察這些放養動物的習性後，小男孩有了一些結論，而這些心得也成為他用來了解這個世界的座標。例如池塘裡的魚兒通常一聽到呼喚就會集中過來，他一面丟麵包屑，一面拿根棍子，忙著把大魚趕開，好讓小魚也能分到食物。如果魚兒不理他，他就朝牠們扔石頭，這一來不但讓魚兒逃得更遠，還弄得自己滿腔怒火。

●每年早春時節，是達賴喇嘛與政府官員移駐三公里外夏宮諾布林卡的時候。當浩浩蕩蕩的隊伍自布達拉宮出發，即意謂著春暖花開，換季的時間到了。

某日，由於想撈起一根漂過的棍子，不料竟失足掉進了水裡，幸好有個清潔工一直很注意他的舉動，立即跑過來相救，才撿回一條小命。他也喜歡和小哥划船，兄弟倆在僅能兩人容身的小船上逍遙，卻苦了岸上一班目不轉睛的隨扈。

天津嘉措還記得和某隻鸚鵡一波三折的交往經過。這是寄寓在諾布林卡的芸芸眾生之一，和他身邊的一位管家特別要好，管家從未忘記餵牠糖果、餅乾。小男孩見了便想依樣畫葫蘆，不過鳥對他的殷勤有點不太領情。孩子一發火便抓起棍子想教訓那個不識好歹的傢伙。從此以後，那隻鸚鵡總是機靈得緊，一看到他拔腿就跑……

這些遙遠的童年經驗，讓這位西藏精神領袖在長大後，即使流亡國外，仍保

有一股對大自然的愛好。他很喜歡在達蘭薩拉的寓所裡蒔花弄草，此外，和動物也一直保持很友善的關係。起初一切狀況都尚未穩定時，家中就已養了數頭拉薩犬作伴，待塵埃落定，達賴喇嘛搬進一座專屬於他的房子裡，開始過著較規律的生活時，重陷孤獨的他身邊又多了好幾隻輪流解悶的貓。在達賴喇嘛眼中：

●達賴喇嘛乘轎前往諾布林卡。隊伍右方為有名的孔雀寶傘，達賴喇嘛所到之處都會看見它。

……就算這些動物非常溫馴，被照料得也很好，但牠們內心深處還是難免有想要逃跑的念頭。這點讓我更加相信凡是眾生，皆不願受到羈絆。⑻

● 諾布林卡是歷代達賴喇嘛的夏宮。宮內中間是一個人造湖，湖裡養有金魚和白鴨，湖的四周圍有白石欄杆與茂盛的樹木。相較於偉岸森冷的布達拉宮，這座在林苑中如農家的避暑之地，顯得更親切怡人。

達賴喇嘛的身心狀態和一般僧人無異，有一定的發展階段：剛剃度時先授予在家戒，須守十六條基本戒律；然後是沙彌戒，再加三十條；最後是比丘戒的二百五十三條具足戒⑼。當然，他是在非常優越的條件下成長的，因為從小幾乎沒有同伴，而負責監護的親師、上師們，又以比寺院裡還快的速度傳授他佛法精要。

他記得有時會很羨慕地望著同年紀的小沙彌，下課後可以盡情地在寺中的院子裡追趕跑跳、打打鬧鬧，而他卻被一套嚴格的規矩綁得動彈不得。儘管他自稱常常偷懶不用功，但經師們仍覺得他進步神速。

### 波詭雲譎的國際競爭

正當他隨著春去秋來的時序、例行法會的節奏繼續學業時，遠方戰火的殺氣騰騰也逐漸平息。在帝國搖搖欲墜的瓦礫堆上，一些國家重新或全新登場，內部的新仇舊恨就用刺刀解決，有的政權垮了，有的則歷經慘烈的權力鬥爭後冒出頭來。

● 諾布林卡宮會議廳前一景。

● 1947 年攝於拉薩的黎吉生。黎吉生繼英國勾得爵士（Sir Basil Gould）擔任英國貿易駐藏代表，1936 至1950 年間在西藏待的八、九年，能夠說一口流利的拉薩藏語，甚至將高爾夫球與足球介紹給藏人。從達賴喇嘛坐床到中共入藏，他目睹了西藏重要的歷史變化。達賴喇嘛出亡後，他也曾經給過達賴喇嘛重要的建議，寫了幾本關於西藏歷史與文化的書。

第二次世界大戰過後，印度擺脫英國的統治，而中國的蔣介石則在毛澤東及其部隊的節節進逼下，兵敗如山倒；柏林—東京的軸心已崩潰，史達林和羅斯福在雅爾達(10)瓜分這個世界的一部分。

拉薩雖聽得到這些遠遠傳來的天翻地覆之聲，但彼時的攝政者未見得了解其範圍有多廣泛，更無法估計這些改變對他們未來所產生的影響。骰子已經擲出，只是這個對外界局勢變化一向不甚了了的社會，還是參不透那些預兆。

### 外國人進入西藏

關於這段時期，達賴喇嘛猶記得幾件事：大戰結束那年他十歲，國家大事全由攝政和噶廈一起決定。

一九四五年曾有幾個看來微不足道，但卻意味深長的小細節：英人派克（Richard Parker）透過拉薩英國使節團的介紹，來藏在一所政府特為英語教學而成立的學校裡教授英文，不料幾個月後，學校就在幾所大寺院住持的抗議下被迫關門大吉。

同一年裡還有兩個奧地利人——海恩里奇・哈勒（Heinrich Harrer）(11)和彼得・奧施耐德（Peter Aufschnaiter），從印度境內喜馬拉雅山區的德拉屯（Dehra Dun）越獄逃到拉薩。他們一待就是七年，無論是官方或老百姓對他們印象都非常好，哈勒甚至好幾次獲准到布達拉宮晉見年輕的達賴喇嘛，他不但教他一些基礎英語，並告訴他一點外界的事。儘管如此，一些毛澤東的追隨者早已各

就各位，忙著佈置那個旋即讓這國家墜落的陷阱。這點，也許連他們自己都未充分意識到。

譬如出身哲蚌寺（該寺向有親華傳統）、曾任職國民政府蒙藏委員會的高僧格西喜饒嘉措（Gueshe Sherab Gyatso）[12]，在中國留學很長一段時間後，打算回去拉薩的本寺，未料走到那曲時，才發現自己已遭西藏當局禁止入境，因為怕他在寺院裡宣傳共產主義。不過數年後，喜饒嘉措還是報了仇，坐著中國解放軍的軍用卡車回西藏。

● 英國駐拉薩代表黎吉生與西藏友人和一位女士在玩某種桌上遊戲。藏人稱西方人為「英吉」（inji），達賴喇嘛的童年大約有十個英吉定居拉薩。透過這些西方人窗口，達賴喇嘛學習了英文，認識西方世界，尤其是西方的科技文明。

## 「十七條協議」的導因

同樣也是一九四五年，一支西藏官方代表團奉命帶禮物前往印度，向英國當局祝賀在第二次世界大戰中獲勝。當時兩位特使出國用的都是西藏護照，抵印後並獲印度總督瓦維爾爵士（Lord Wavell）和駐新德里美國大使的接見。代表團出發前，英國駐拉薩代表黎吉生還千叮萬囑，要西藏外交局切切不可派人參加即將在北京[13]舉行的國民代表大會，理由是會違反一九一四年的西姆拉（Simla）條約[14]⋯⋯。

儘管黎吉生的警告和外交局的再三保證，但特使們在取道中國回藏途中，還是繞道北京，入座於中國人民代表齊聚的大會堂上──天曉得是受人操縱、誤會、不肯聽話或純粹好奇而已？直到今天，西藏的官方說法仍然堅持他們只是去「觀摩」，更何況中國人也有自己的「西藏代表」，至於北京方面是只要藏人一露臉，就表示願意效忠祖國。不論真相是什麼，這時的達賴喇嘛還太年幼，無法插手這些事。

雖說這是件不明公案，但對北京方面來說，倒不失為一個好藉口，直接導致數年後「十七點協議」[15]（其實是北京用來評估其侵藏大計的試金石）的簽訂。而西藏當局則主張，一九四七年三月藏方曾應印度政府之邀，派團前往新德里參加泛亞會議，此舉無異證明西藏是個擁有最高主權的獨立國家，並能以此身分參加國際會議。再者，當時會場上確曾出現西藏國旗，與各與會國國旗並列飄揚。

## 西藏的內部危機

除了波詭雲譎、攸關雪鄉未來命運的國際競爭之外，西藏內部的情勢變化也

令人憂心忡忡。

原來當地貧困的農民都會向寺院、公家機關或地主借錢，而西藏政府於一九四四年下令，免去農民們已積欠數年甚至數代的貸款利息。結果此項政策所招致的騷動，遠比當初寺院裡反對英語教學還來得嚴重。

一些林周宗（Lhundup Dzong）地區的農民，就在區長的支持下，拒絕向色拉寺的傑（Je）分院和噶巴（Ngagpa）分院付清所欠貸款。

雙方愈吵愈厲害，最後竟大打出手，而林周宗的區長在混亂中，遭僧院收款喇嘛圍毆致死。此事一直鬧到拉薩郊外的色拉寺本部，而寺方也拒絕將肇事者交給官方的調查小組。兩僧院的喇嘛為了施壓，決定集體退出一九四五年大祈願法會前兩天的節目，不過，一些維持秩序的代表也很快地來到寺中。最後兇手遭到逮捕，連兩鬧事僧院的方丈也遭到免職。

## 攝政密謀奪權

這個不幸事件過後不久，前任攝政熱振仁波切和現任攝政達扎仁波切之間又發生了一次劇烈口角，頓時謠言四起，人人都擔心這兩位大喇嘛恐怕要反目成仇。眾人傳說很久以前他們本來就私自協定，要輪流在小達賴身邊掌權，現在達扎仁波切的時間到了，卻不肯退讓，引起熱振仁波切的不滿。

數月之後，有人偷襲某高官兒子未果，再加上攝政竟收到炸彈包裹，於是再度鬧得滿城風雨。不知是誰告密，說前攝政已寄了一封密函給蔣介石，控訴現任攝政的種種不是。這話就如在火藥庫上點火，熱振退隱的寺院裡，隨即闖進一批奉命要將他帶回拉薩的士兵。熱振抵達當天，色拉寺有些喇嘛設法

營救未果，熱振及一班隨從立即遭到軟禁，接受調查。

在檢閱過老和尚的一些文件和信件後，大眾發現這些亂子確是他的助手和幾個親信暗中策畫，而熱振也拼命勸導莫使用暴力。不過在密謀推翻攝政一案中，他仍脫不了干係。他要求見達賴喇嘛一面，但遭到拒絕，甚至未問那孩子的意見。熱振在一九四七年五月去世時，調查還在進行中，而他的猝死更讓整個情況更加複雜。

關於這些事件，達賴喇嘛還有些片段記憶：

> 有天，我正在聽一場辯論，突然聽到一些槍響。聲音從北邊色拉寺的方向傳來。我衝到外面去，很興奮地想說我的望遠鏡終於要派上用場了，不過一想到這聲音同時也意味著死亡，心裡便感到害怕。沒想到竟然是六年前已宣佈退隱的熱振仁波切，帶著人要回來奪回攝政權。……因為我還未成年，所以這種事人家當然是不會讓我參與。後來我每回想起來，總會想說在那種情形下，我是否可以做一些事。[16]

## 十二歲首度辯論考試

在目前這個階段，學業是最重要的。時間就這樣一天天過去，唯一能放假和家人團聚的機會，是每月十五日那令人期盼的月圓之時。

這天他可以到離布達拉宮不遠的父母家中，和家族中的兄弟姊妹一起度過幾個時辰。不過，其實這並不算真正的自由，連玩都不痛快──因為家人總是對這神仙來投胎的小兄弟，畢恭畢敬地保持著某種距離，而唯一不會把這點

●達賴喇嘛十六歲攝於佛學
考試時。

放在心上的，是屋子裡的那些下人。

> 我從小就很怕法會和禮數，比較喜歡跟僕役作伴，更勝於和政府那
> 些要員在一起。我尤其喜歡父母家的那些長工，他們大部分是從安
> 多來的，我愛聽他們說家鄉附近的事。(17)

無論如何，這些小插曲還是轉眼即逝，而當達賴喇嘛十二歲——他這一生的
第一階段告終時，它們也跟著結束。他開始準備首度的辯論考試：在由喇嘛
組成的觀眾面前，和哲蚌寺三僧院以及色拉寺二僧院的住持，進行公開辯
論。這對任何人而言，都是非常可怕的考驗，遑論是個十二歲孩子，他從小
受到嚴格訓練，雖受萬民崇仰，但一直是孤伶伶地住在布達拉宮的高處。

天津嘉措認為他在這些辯論考試之前會如此緊張，因為覺得是「這輩子第一次」，又要重新面對那些令人景仰的高僧，儘管他對他們好像「幾乎都很熟」。此外，他很快就確信「我在前世就已認識他們」。

同時，他也從攝政領受達賴五世的密法。此一密法當初是由一個異象所揭示，只有極少數被認為有能力了解的菁英分子才能獲得，而它的法門唯有西藏領導者才能獨享。達賴喇嘛說他自從受了密法後，曾有過一些不尋常的經驗，不過都是以夢的形式出現。

### 大自然的預警

此時還有些怪現象會以驚人的規律性定期出現，它們罕見得不值得人操心，卻又離奇得令人無法理解或詮釋。例如在中國的國共內戰正打得如火如荼，也是乾旱嚴重、藍天無雲的季節裡，拉薩市中心大昭寺金頂上一隻金獸竟頑固地滴起水來，教人聽得心煩意亂。

還有一連好幾個星期，天上有道好似彗星的光芒，靜止地照著拉薩的夜空，讓人看得毛骨悚然。一些老拉薩都未忘記，一九一〇年中國入侵西藏的前夕，也出現過同樣的情景……

到處都謠傳有妖孽降生，而西元七六三年豎在布達拉宮山腳下的那根古石柱，又很不湊巧地在此時倒下，攪得人心更加惶恐不安。西藏當局愈來愈懷疑中國政府暗地裡搞破壞，尤其在班禪喇嘛繼任一事上。於是一九四九年七月一聲令下，要拉薩的中國代表團捲舖蓋走路。那些特使及其眷屬雖是被客客氣氣地帶到邊境上，不過也收到永不許返藏的通知。

同年秋天，國民黨兵敗潰逃，共產黨政權在北京成立，收音機裡隨即傳來他們打算「解放西藏」的消息。藏人聽了目瞪口呆，不敢相信自己的耳朵：這話簡直太誇張了！他們只好一廂情願地自我安慰，說這個企圖毫無意義到沒有人會當一回事。幾個月以後，發生一件始料未及的可怕事情，大家都明白這是個警告，只不過沒人知道要警告什麼，他們心中最大的恐懼就快要成真了。

那是個美好的夏日夜晚，就在拉薩藏劇節開幕的前夕。以戲劇表演和比武大會為主的藏劇節，通常一連舉行七天，說書人、歌手、特技演員、武士和各式各樣的江湖賣藝人，莫不使出渾身解數，以取悅一群見多識廣、衣著光鮮，又非常懂得享受的觀眾。

節目還包括一個水準很高的花卉比賽，而那群上流社會的女士們更是珠翠綺羅，紛紛在首飾和髮型上爭奇鬥豔。一班王公大人為了不落人後，也全披上大禮服，至於一般老百姓則看當下的情況穿戴。然而，就在這一九五○年，大自然決定來個重重一擊，彷彿想藉此讓這些無憂無慮的人們提高警覺。

就在八月中旬，發生了波及整個西藏高原的強烈大地震，震波範圍從昌都到拉薩、薩迦和加爾各答。數個時辰之間，九霄烈焰，紅光滿天，奇異的閃電到處流竄，空氣被陰森森的喀嚓聲撕裂，四面八方傳來轟隆隆的爆炸迴響……

不多久，就傳來幾百個村子消失的消息，還聽說山崗移動，新谷開裂，連雅魯藏布江（Yarlung Tsangpo，下游叫做布拉瑪普得拉（Brahmapoutre）河，都改變了流向。對駐守昌都、為西藏政府工作的英國無線電技師福特（Robert Ford）而言，「這不是普通的地震，應該說它是世界末日」。在某種意義上，這話沒錯。

第 $6$ 章
# 危機四伏

一場天搖地動，預告了凶兆，被撼動的不
僅只是高原上的家園與土地，更是根深柢
固的文化與信仰。年輕的達賴喇嘛與古老
的雪域，將如何在這場越來越激烈的外來
衝擊變化下，信心不移地繼續在觀世音菩
薩之前祝禱？

在狂風中翻騰的經幡（黃丁盛攝）

一九五○年八月中旬那個宛如世界末日的天搖地晃，無論真的是強烈地震或凶兆，皆令人永誌難忘。對於那些劫後餘生者而言，當時的情景仍然歷歷在目，甚至已深深烙印在整個社會的腦海裡，成了代代相傳的集體記憶。

### 共軍襲擊西藏

那年的拉薩藏劇節，儘管仍如過去一樣光鮮亮麗、無憂無慮，但畢竟不似往年的喜氣洋洋，不安定的感覺盤旋在慶典上空。節目雖陸續上演，但大家都心不在焉。

到了慶典的第三天晚上，一個意外事件讓節目進行大受影響。一個信差衝進來，二話不說地就走向攝政。他的到來並未引起任何注意，卻被坐在官員專用席上的達賴喇嘛看得一清二楚。

他還年幼，有事不會跟他報告，做決定前也未必先問過他，按理說他也不該打聽什麼消息，不過他實在太好奇了。他爬上包廂裡的一張凳子，攀在那扇可看到隔壁房間的窗戶上，拉長耳朵，神不知鬼不覺地觀察達扎仁波切的表情。那封信好像讓達扎愈看愈不開心，看完後他並未回座繼續看戲，而是下令立即召開噶廈的閣員會議。

稍後達賴喇嘛也聽說了，原來是康區總督拍來電報，通知大家一些中國士兵已對某個西藏崗哨展開攻擊，當地駐軍指揮官已陣亡。其實這幾個月以來，該地區已發生過若干次武裝犯境情事，看來共產黨說要「解放西藏」的話絕非胡言亂語。

## 藏軍毫無抵禦外侮的能力

由於全國上下的忽略和輕視，藏軍顯然絲毫無抵禦外侮的能力，致使這一絲不苟、完全照遊戲規則來的侵略預告，讓當時的西藏領導階層（還有少年達賴）更加感到憂心忡忡。

當然，藏人並非沒有以一擋百的戰士和不怕死的英雄，更不缺戰略奇招，但終究仍免不了抱頭鼠竄，甚至被出賣的下場。這樣的處境，也許我們可從達賴喇嘛說過的一段話來理解：

> 無論藏人過往的歷史如何，基本上他們很愛好和平。對他們來說，
> 再也沒有比當兵更低賤之事了，在他們眼裡，軍人不過是一群屠夫
> 罷了。

除了這層打從骨子裡的鄙視，那些過時裝備更是教人難以施展：幾管老掉牙的大砲，一些喇叭口火槍和老步槍，更別說有戰車、飛機了。儘管藏人的馬上功夫天下無敵，使起彈弓莫不百發百中，只不過一群飛奔在浩瀚天地間險徑奇道上的神騎，碰到一支為數眾多、堅信人海戰術必勝的螞蟻雄兵，又能奈他們如何？

更有甚者，彼時人民解放軍趁著大敗國民黨軍隊的餘威，勢如破竹，革命口號就如能刺激運動神經的興奮劑，毛主席的意志則是令人可以不惜代價，勇往直前的推進器。

戲劇節結束了，拉薩市民重返日常生活，少年達賴繼續埋首學習禪定。他的親教師們除了一面克盡僧家職責，小心翼翼地監督他在課業上的進步之外，

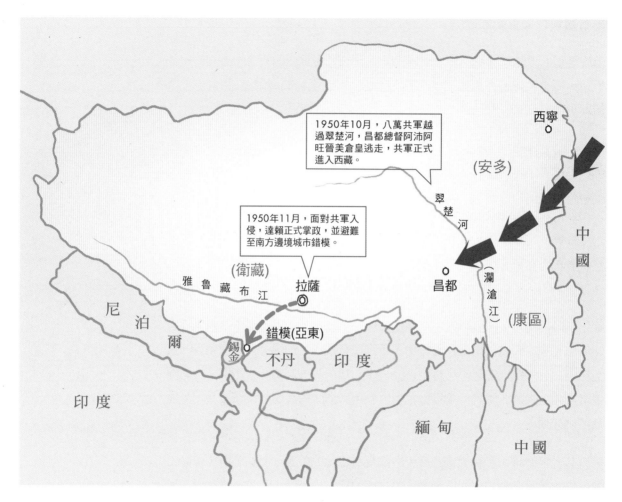

西寧

1950年10月，八萬共軍越過翠楚河，昌都總督阿沛阿旺晉美倉皇逃走，共軍正式進入西藏。

(安多)

翠楚河

中國

1950年11月，面對共軍入侵，達賴正式掌政，並避難至南方邊境城市錯模。

(衛藏)

雅魯藏布江

拉薩

昌都

(瀾滄江)

(康區)

尼泊爾

錯模(亞東)

錫金

不丹

印度

印度

緬甸

中國

●1950年10月，八萬中共人民解放軍越過昌都城東邊的翠楚河。當時西藏常設昌都的西藏軍隊有八千五百人，由總督阿沛阿旺晉美指揮，沒幾天就大敗。阿沛電告拉薩，但噶廈官員全參加了傳統郊宴，無人回應，於是阿沛致電請求繳械投降，然後就倉皇出逃。開打十一天，昌都就被「和平解放」了。中共廣播宣稱：中共建國一周年，要開始「和平解放」西藏。藏人聽到這個宣告，覺得太荒唐，以致沒有理會或反應，直到中共的入境事實擺在眼前，西藏領導階層才開始尋求外援與對策。同年11月，十六歲的達賴喇嘛應民心的期盼正式即位掌理國政。中共進入昌都後，達賴喇嘛隨即避難至南方靠近錫金邊境的城市錯模。

還必須付出愈來愈多的心力，處理那些日益複雜的公共事務。

## 派遣特使，無功而返

拉薩有意讓情況明朗化，於是以官方的名義派了兩名特使，取道印度——當時要去北京，走這條路最快——到中國進行條約談判。兩名特使到新德里後，便申請去香港的簽證，並接到通知，要他們就地和將上任的中國大使展開會商。

在這之前，他們也趁機和尼赫魯（Jawaharlal Nehru）[1]見面，討論西藏在中、印兩大亞洲巨人間保持中立或緩衝國地位的必要性。尼赫魯表示了意見，但並未有任何承諾。

中國大使袁仲賢抵印後，立即開出條件——西藏是中國不可分離的一部分，並須讓中國軍隊入藏駐守。唯有接受這兩點，西藏特使方可能獲准到北京簽署相關協議。西藏特使不願接受，一面向拉薩報告，一面繼續和中方斡旋。然而，儘管中國駐新德里大使一副願意聆聽藏方代表的樣子，實際上北京對此早已無轉圜的餘地。

## 向印度與聯合國求救無效

到了秋天，共軍兩縱隊越過昌都城東的翠處河（Dri-chu，即瀾滄江），情況再度告急。雖然北京當局守口如瓶，但中國軍隊確已傷亡慘重。這架輾過西藏高原的人力壓路機，除了遭到一些零星的、前所未見的英勇抵抗外，運輸補給的困難、毫不容情肆虐的高山症和嚴寒的氣候，都足以讓入侵者傷亡慘重。如今那些打開雪域、聯絡華夏平原和青康藏高原的道路上，犧牲者的屍

骨堆積如山。顯然，頑強的困獸之鬥無法起任何作用，而有氣無力的國際輿論，只有讓中國的新政權更加膽大妄爲。

在英國默默的支持下，新德里向北京提出抗議，並對中南海所發表的那些具有安撫作用的聲明，露出很安心的樣子：爲了本身的利益，它不得不謹愼，尼赫魯總理似乎也非常相信中方的誠意和言出必行。

一九五〇年十一月，西藏政府向聯合國求救，但就如後來又拍去的兩封電報一樣，全無回音，藏人開始隱約見到他們將要爲這些年來的孤立——或可說是種心甘情願兼逼不得已的孤立主義——付出何種代價。這個白雪和喇嘛的國度，由於對世局渾然不覺，終於陷入這般無依無靠、自生自滅的境地。

## 民間要求達賴喇嘛即位

拉薩的領導階層對該採取何種應變態度，根本無法達成共識，也不知如何扭轉頹勢，民間不滿的聲浪愈來愈高，只不過表達方式尙稱溫和，頂多以歌謠嘲弄衙門和挖苦官員的無能。

然而，街上的傳單和海報愈來愈多，除嚴厲批判政府的舉棋不定，還堅決要求達賴喇嘛立刻即位，接掌世俗政務。但少年達賴當時只有十六歲，按照傳統要等到十八歲，當眾經師皆認爲他的學識已足以擔任國家元首之際，才能宣佈成年。權力檯面下各派系之間意見衝突得非常激烈，有的主張等待，有的則認爲非常狀況須用非常之道解決。

### 「他的時候到了！讓他當王吧！」

由於兩造相持不下，最後只好去問涅沖寺的神諭。西藏最厲害、最令人膽寒

的守護神之一──金剛扎滇（Dorje Drakden），都是透過這位神巫之口，來下達他那無人敢不奉行的指示。

按照慣例，求神問卜要經過非常審慎的準備過程。降神殿中香煙繚繞，一觸即發的緊張氣氛，達賴喇嘛至今都還記憶猶新，那股靜寂，沉重得就如乃涅沖巫身上那套五十幾公斤、不穿就無法傳話的行頭。

這一回，一切都發生在轉眼之間：那神巫起乩後，彷彿被一股超自然力量推著衝到少年面前，畢恭畢敬地禮拜，頭上那頂沉甸甸的大頭盔絲毫不成問題，然後將哈達放在少年的膝上，如雷貫耳似地大喝：「他的時候到了！讓他當王吧！」說完便昏倒在地。一班隨從立即抬走他，褪下他身上的裝備，如往常一樣小心翼翼地幫他恢復意識。

### 負起領導國家的責任

指示已夠清楚，現在就只需要遵照辦理，盡快準備即位大典。達扎仁波切立刻辭去攝政的職務，不過仍擔任達賴的首席導師。星象學家挑選吉日，將即位大典訂在一九五○年的十一月十七日。然而，達賴喇嘛卻缺少那種大家都深具的信心，覺得自己好像被人扔進一種完全陌生的情況中，不但學業受到干擾，還要去接掌一個受到戰爭威脅的國家。

> 「這個即位的請求讓我感到十分焦慮，」他承認道：「我還不到十六歲，還要好長一段時間才能完成宗教教育。我對外界一無所知，也沒有任何從政的經驗。然而，我的心智卻已夠成熟到知道自己的無知和有待學習之處。儘管在這個國家裡，唯一能讓所有人心服口服的領導者，就只有身為達賴喇嘛的我，但我還是感到猶豫。沒想到

## 涅沖神諭

● 涅沖神諭是西藏政府的國師,請示神諭有非常審慎的準備過程。神降儀式開始前,涅沖神諭穿上重達五十幾公斤的甲冑,由助手扶持坐在達賴喇嘛法座前的小凳子上,請神儀式開始後,靈媒進入更深的恍惚狀態後,肉體外貌開始改變,當他呼吸變得急促發出嘶嘶聲,然後忽然停止呼吸時,助手就趕緊給他戴上重達十三公斤的頭盔(在古代則近三十六公斤)。這些裝備在平時是重得無法移動的,但是此時他卻可以穿著它們起舞、行大禮拜輕若無物,降神於是完成。接著就是達賴喇嘛的供養與提問,然後是政府官員提問。等金剛扎滇說完話,涅沖神諭便頹然倒下,助手趕緊解下他的頭盔,以免窒息。達賴喇嘛說:「涅沖神諭的回答通常是很明確的,從我過去的經驗來看每次的回答也都很正確。目前雖然無法有科學的證明,但也許有一天我們可以用科學的方法來證明他的存在。」
左圖:靈媒已進入出神的恍惚狀態,眾人一旁攙扶。
右圖:靈媒已離開身體。

● 涅沖寺的神祇—金剛扎滇(Dorje Drakden)，是西藏最厲害的守護神之一。祂的存在不只是讓人啓問吉凶未來，更重要的是保護佛法與修行人。

西藏國師涅沖的寺廟，稱為涅沖寺，位於拉薩西方四哩，哲蚌寺下方。涅沖原本是和印度聖人 Dharmapala 的一位後裔，一起來到西藏。八世紀赤松德贊王時，涅沖被蓮花生大師聘為桑耶寺的守護者。後來第二世達賴喇嘛和涅沖發展了密切的關係，他也開始與哲蚌寺關係密切，自此以後金剛扎滇就被指派為達賴喇嘛的個人護法。幾百年來到現在，在新年慶典期間透過涅沖向金剛扎滇請教國政，已成了達賴喇嘛和政府的傳統。

接下來召開的國會也支持內閣的提案，那時我才意識到情況的嚴重性，知道自己不能再如此逃避下去。我必須成為一個大人，負起責任，儘可能地領導我的國家來面對強大的共產中國。於是，帶著忐忑不安的心情，我接受了請願。」[2]

鐵虎年十一月十一日所舉行的即位大典盛況空前，歡欣鼓舞的民心士氣也無與倫比。爲了慶祝達賴親政，國內所有的罪犯都獲得特赦，而國外的威脅也因此暫停好幾天。藏人懷著一種有如基督徒領聖體般的喜樂心情，慶祝統治者又眞正地回到他的子民中間，即使在這個從此受制於人類無情世界嚴酷法則的諸神國度裡，奇蹟已無立足之地……

天津嘉措甚至在親政之前，早有心理準備。在正式親政的十五天前，他的大哥——被認證爲塔澤仁波切轉世、現任塔爾寺住持的圖登吉美諾布，到拉薩來看他。

## 共軍的暴行

大哥帶來的壞消息比他們想像中的還要糟，足見拉薩城裡那些旅人或難民口中流傳的暴行，並非空穴來風。圖登吉美諾布曾親眼目睹中共的前鋒部隊開到，然後自己便立即遭共軍監禁在塔爾寺中。

那些中國軍官最喜歡找喇嘛的麻煩，甚至會毫不遲疑地當眾羞辱年長的僧人。雖然他們一再地向老百姓保證未來的日子會更好，但藏人的心頭怒火卻在對方倨傲的姿態下日益熾烈。藏人中即使是家徒四壁、地位最卑下者，看到心目中的大人物竟被如此糟蹋，亦感到忿忿不平。再者，侵略者就寄生在當地人身上，製造一些供需失衡的問題，導致物價上漲，民怨更加沸騰。

## 中共收買達賴大哥塔澤仁波切

最讓少年達賴感到不可思議的，是中國領導人不但耀武揚威，以征服者自居，甚至為了控制進而併吞西藏，竟然公開收買他的親兄弟，這在任何佛教僧侶眼中都會被視為罪大惡極。

他們軟硬兼施，要圖登吉美諾布到拉薩當說客，勸達賴投靠中國，若成功就可論功行賞，若達賴無論如何不肯聽話，就殺了他取而代之……圖登吉美諾布被這提議嚇壞了，表面上不動聲色假意合作，以便能前往拉薩而不引起中國的疑心。

## 達賴非暴力的原則

在中國人的鐵蹄下生活一整年，圖登吉美諾布深知侵略者的企圖。他想了許久，考慮西藏淪陷後的各種後果，終於決定先讓弟弟知道實際狀況和自己的計畫後，就要還俗並出國去尋求外援[3]。在他看來，這是解救西藏唯一的希望。而藏人也必須武裝起來抵抗侵略，對他而言，這是非常理所當然的。

但達賴喇嘛卻不如此認為，當時的他已有一種堅守佛家非暴力原則的傾向。儘管他也同意在某些特殊狀況下，可採用一些表面看來是暴力的行動，但他仍深信一切「到最後都可以和解」。

這是達賴喇嘛根據內心深處的信念所作的選擇，無論對手何等頑強，他從未背離這樣的方式。直到今天，他仍不斷宣稱唯有談判一途，才能讓藏民族倖存下去，讓顛沛流離者返回家鄉。

達賴喇嘛在獲授金輪——此物是其世俗權力的象徵——的援權大典過後不

久，由於中共的壓力愈來愈大，大家都擔心達賴喇嘛的安全，為了以防萬一，就採納親信們的意見，準備暫時撤退到離錫金邊境不遠的錯模（或稱亞東， Dromo / Yatung）。

## 避難南藏

天津嘉措一當上國家元首，擔子就不輕，傳統所需和時勢所趨扞格不入，為了適應新時代，他感到必須從根改革。雖然局面絲毫由不得他慢慢來，不過他的深思熟慮並未因此而稍減。

囿於一個不合時宜卻極端複雜的行政機制，他按照慣例任命了兩位新總理，一位是羅桑扎西（Lobsang Tashi）喇嘛，另一位是有口皆碑的在家人清官魯康瓦（Lukhangwa）。由於宗教在西藏社會佔有重要地位，所以政府官職無論位階高低，傳統上皆設僧、俗各一名官員，而僧官也常會把任務交給俗官實地執行。這樣的制度有時會引起濫權和爭端，更加強西藏舊社會體制落伍和不公的形象。

當暫避南藏的準備工作正進行得如火如荼之際，達賴喇嘛也勉強恢復正常的作息，他盡量地騰出時間讀書，彷彿知道往後有其他限制更多、更煩人的任務，將佔去生命中愈來愈多的時光。他語帶幽默地承認道，就是在此時他才真正對讀書產生興趣，並意識到學問對人格的均衡發展有多麼重要。

## 微服夜行，離開布達拉宮

到了年底，一切終於準備就緒。好幾支隊伍已悄悄地出發。基本上，達賴喇嘛的行蹤不能對外公開。少年人天性好奇，很高興能暫時擺脫繁文縟節的枷

鎖，走出那一成不變的日常牢籠。

更令他興奮的是，由於安全上的考量，他們決定一路上都要讓他隱姓埋名，當然隨身保鑣還是不能少，但取消平時那些他每一出現在公共場合，就要擺出的浩大陣仗。旅隊趁著夜色出發，在馬匹和駝獸整齊的步伐中，離開布達拉宮。達賴喇嘛還記得：

> 天氣很冷，但是星月皎潔，我記得星子閃耀生輝，這是我後來在全世界任何地方都未曾見過的景象。四周如此岑寂，我們悄悄地從布達拉宮山腳的鄉間小道，經過諾布林卡宮、哲蚌寺出走。每當一匹小馬失蹄時，我的心跳就停了一下，不過，我並不真的害怕。(4)

他是否已知道如此的微服夜行，其實幾年後還會重演，而且在他歸國無門之際，又為他打開這世界的其他入口？對於這問題，達賴喇嘛僅僅是微笑以對……

儘管事前已採取所有的防範措施，但像這樣有許多由衣著就能辨識的大官和聞名於世的高僧的隊伍，不可能完全不引人注意。才走沒幾天，他們就碰到幾千個正在舉行傳統冬季辯論、來自「西藏三大寺」——色拉寺、哲蚌寺和甘丹寺——的喇嘛，他們立即認出達賴喇嘛兩位導師中的林仁波切，苦苦央求他不要讓法王離去。那種虔誠的心意，讓少年達賴十分感動，即使他仍一直很懷疑自己應付時局挑戰的能力。

## 直接觀察人民的生活

對他而言，這是趟啓蒙之旅。他很快就明白，能如此直接觀察到人民的生活

實在良機難逢，於是每停一站都會查訪民間疾苦，或只是與邂逅的路人開懷暢談。他從這些人口中所聽來的國是民情，遠多於官方的報告。

走了一星期後，這趟旅程已成了眾所周知的秘密。他們來到西藏第四大城江孜時，場面幾乎可謂莊嚴隆重。大老遠地就可看見數百名藏人聚集，等著向他們的精神兼世俗領袖致敬。很少人能如此接近達賴喇嘛，對他們而言，能獲得達賴加持的機會，也許一生就只有這令人沒齒難忘的一次。只不過達賴喇嘛一行人幾乎馬不停蹄，根本無心按照禮節來舉行法會，大家一心只想快快走到錯模，好鬆一口氣。

經過兩星期的漫長行程，隊伍終於在一九五一年元月順利到達目的地。小鎮因為突然湧進一群如此顯赫的王公貴人，顯得手忙腳亂，不過仍勉強將一群人安頓下來。官員及其隨從暫住在民家或衙門裡，達賴喇嘛則遷進位於丘陵上的敦卡寺（Dungkhar）。此處環境還算清幽，可俯瞰整個城鎮，同住的還有兩位親師林仁波切和崔簡仁波切。他的大哥塔澤仁波切也跟著在那兒待了一段時間，然後才去印度，接著又轉往美國。

一位斯里蘭卡的喇嘛來訪，將一個被視為吉祥象徵的佛骨交給他。幾千名從附近聚落、錫金、不丹、印度趕來參加迎佛骨法會的信徒，把會場擠得水洩不通。

此外，其他傳來的都是壞消息：尋求外援的使節，在美國、英國、印度和尼泊爾全都無功而返。只有派到中國去的那一團成功抵達，卻被北京認定只有聽話和保持沉默的權利。而少年達賴當初對這些國家領導人的正義和承諾曾寄予多大的厚望，如今他心中的失望之情就有多深。

## 西藏代表受迫簽訂《十七條協議》

就在此時，昌都總督阿沛阿旺晉美（Ngabo Ngawang Jigme）[5] 捎來一份很長的報告，詳述實際狀況和共軍日益嚴重的威脅，他要求達賴派他到北京和中國進行談判。達賴喇嘛和兩位留在拉薩的總理商量後，決定採納阿沛的建議，並由拉薩和錯模各派兩名重要官員陪同前往。

這其實是個圈套。所謂的談判，原來就是軟禁幾位西藏代表，強迫他們簽下眾所皆知、承認中國佔領西藏的《十七條協議》，代表們甚至不能向拉薩當局請示，更別提達賴喇嘛了。更過分的是，代表們的簽字上還蓋了北京趕製的假西藏國璽，因為真國璽已被達賴喇嘛帶到錯模去了。

這種伎倆竟能矇騙過那些外國人，而西藏國內除了大失所望，更有種無可奈何的憤怒。木已成舟，達賴喇嘛是在一九五一年的五月二十三日──正式簽約當天，從中國電台的藏語廣播節目裡聽到消息。他無法相信這是真的，廣播員那抑揚頓挫的聲調，讓他覺得這一定是自導自演的把戲，而接下來的考驗想必更不好應付。

這份協議上連用詞遣字都站在中方觀點來扭曲歷史真實，絲毫不考慮藏人的感受。西藏雖與華夏為鄰，卻從未成為中國的一部分。儘管藏族內部難免發生地方性衝突，但其文化、宗教、語言和人種都是相同的，並迥異於漢族。

不過，中國的宣傳攻勢已經開始，西藏政府自然毫無招架之力，更何況中共根本不愁在外國找不到易受煽動的姑息者，來幫忙散播他們的宣言，藉此給自己塗上一層合法的亮光漆。稍後，達賴喇嘛收到一封電報，通知他新任的西藏省主席張經武將軍已啟程，不久就會抵達錯模。

（下接第 152 頁）

## 《十七條協議》的簽署現場

● 左上圖：《十七條協議》藏方代表。1951年達賴喇嘛避居南藏期間，西藏赴北京的代表團與中共簽訂收關西藏主權的《十七條協議》。當時西藏談判代表阿沛阿旺晉美沒有被授與簽約權，而協議上所用的西藏國璽也並非真正的國璽，真正的國璽早被達賴喇嘛帶到錯模(按本書作者所寫為錯模，但若按中方所寫則為亞東)。達賴在錯模收音機中聽到消息後甚為震驚，猶豫著是要出亡或回西藏，問卜的結果是回拉薩。西藏遲至10月24日才正式承認《十七條協議》。

● 右上圖：《十七條協議》中方代表。《十七條協議》的簽字儀式，在北京勤政殿舉行，由中央人民政府朱德副主席（後排左五）、李濟琛副主席（後左六）和政務院陳雲副總理（後左四）主持。圖為《十七條協議》的簽字儀式上，中央政府代表簽字。

● 右下圖：1951年5月24日，也就是《十七條協議》簽訂的隔天，毛澤東在北京設宴款待班禪額爾德尼（左）及阿沛阿旺晉美（右）。年幼的官保慈丹（尚未被正式認證的班禪喇嘛）於4月27日被中共召來北京，出席這次的會議，西藏代表團曾被叮囑不能以班禪規格的禮儀迎接他，因為當時達賴傾向於哲蚌寺所選靈童。但北京下最後通牒：這名幼童已接受毛澤東為中國的新領導人，而毛澤東則承認他是班禪喇嘛的真正轉世，除非承認這個靈童否則協談無法繼續。藏方於是進行占卜，認了這位來自青海的靈童為第十世班禪。

## 十七條協議的內容

一九五一年五月二十三日，中國與西藏代表就解放西藏問題，簽訂了《中央人民政府和西藏地方政府關於和平解放西藏辦法的協議》，因為具體條文共有十七條，因此簡稱為《十七條協議》，內容如下：

一、西藏人民團結起來，驅除帝國主義侵略勢力，西藏人民回到中華人民共和國祖國大家庭中來。

二、西藏地方政府積極協助人民解放軍進入西藏，鞏固國防。

三、根據中國人民政治協商會議共同綱領的民族政策，在中央人民政府統一領導之下，西藏人民有實行民族區域自治的權力。

四、對於西藏的現行政治制度，中央不予變更。達賴喇嘛的固有地位及職權，中央不予變更。各級官員照常供職。

五、班禪額爾德尼的固有地位及職權，應予維持。

六、達賴喇嘛與班禪額爾德尼的固有地位及職權，係指十三世達賴喇嘛與九世班禪額爾德尼彼此和好相處的地位及職權。

七、實行中國人民政治協商會議共同綱領規定的宗教信仰自由政策，尊重西藏人的宗教信仰和風俗習慣，保護喇嘛寺廟。寺廟的收入，中央不予變更。

八、西藏軍隊逐步改編為人民解放軍，成為中華人民共和國國防武裝的一部分。

九、依據西藏的實際情況，逐步發展西藏民族的語言、文字和學校教育。

十、依據西藏的實際情況，逐步發展西藏的農牧工商業，改善人民生活。

十一、有關西藏的各項改革事宜，中央不加強迫。西藏地方政府應自動進行改革，人民提出改革要求時，得採取與西藏領導人員協商的方法解決之。

十二、過去親帝國主義和親國民黨的官員，只要堅決脫離與帝國主義和國民黨的關係，不進行破壞和反抗，仍可繼續供職，不咎既往。

十三、進入西藏的人民解放軍遵守上列各項政策，同時買賣公平，不妄取人民的一針一線。

十四、中央人民政府統一處理西藏地區的一切涉外事宜，並在平等、互利和互相尊重領土主權的基礎上，與鄰邦和睦相處，建立和發展公平的通商貿易關係。

十五、為保證本協議之執行，中央人民政府在西藏設立軍政委員會和軍區司令部，除中央人民政府派去的人員外，盡量吸收地方人員參加工作。參加軍政委員會的西藏地方人員，包括西藏地方政府及各區、各主要寺廟的愛國份子，由中央政府指定的代表與有關各方面協商提出名單，報請中央人民政府任命。

十六、軍政委員會、軍區司令部及西藏人民解放軍所需經費，由中央人民政府供給。西藏地方政府應協助人民解放軍購買和運輸糧秣及其他日用品。

十七、本協議於簽字蓋章後立即生效。

在協議下，允許西藏管理自己內部的事務，所謂「民主改革」並未適用於西藏自治區，所以西藏宗教權威的地位與功能仍能繼續運作，中國保證維持西藏現狀。不過幾個月的時間，中共就食言了。

## 抉擇留在西藏

此時，達賴喇嘛也接獲各方的意見，熱心地教他該如何做。他大哥塔澤仁波切從加爾各答來信，力主趁時機還來得及之前，暫時流亡印度，然後向美國爭取支持。他的家人都贊成這意見，而哈勒也從卡林邦捎來類似的訊息。另一方面，兩個總理和三大寺的住持卻央求他盡快回到拉薩，因為民心已開始浮動，林仁波切也支持此一作法。

法王年紀尚輕，所以這絕不是個簡單的抉擇，而他除了思考之外，手無寸鐵，唯一的憑藉就是祈禱。儘管對政治幾乎一無所知，他也能了解到遠在數千公里外的華盛頓，並無非派兵保衛西藏不可的理由，而近在咫尺的中國，數百萬人流離失所，嗷嗷待哺，有的是攀上世界屋頂掠劫的動機。

檢討過去，也許他們曾對敵人認識不清，不過少年達賴那種達觀胸襟和對人性的信心，促使他勇敢地決定留下，和人民同甘共苦。於是趁著中國將軍抵達之前，他比過去加倍用功，有空就到附近散步，讓身心浸淫在大自然的美好中，或專心鑽研前攝政達扎仁波切特前來傳授給他的一些密法。

## 與新任西藏省主席的會晤

七月中旬，一個信差從錯模來到敦卡寺。達賴喇嘛聽說中國代表團已抵達，心裡開始緊張，不知接著會發生什麼事。他還記得：「我差點以為這些人頭上全長了角。」他趕緊跑到屋頂上東張西望，不久就看見小徑上有幾個身穿色彩鮮豔的傳統服飾的藏官，旁邊跟著三個人，風塵僕僕地就如他們揮汗走過的泥巴路。光從雙方衣著上的對比，就可想像未來西藏將在政治和文化上受到多麼嚴重的衝擊。

雪域少主和軍、民、政一把抓的新任西藏省主席兩人，從首次見面開始就一直衝突不斷。中國將軍的跋扈氣勢雖有點教人吃驚，卻還無法讓對手摔下馬來。他提出一些問題，但達賴喇嘛為了避免差池，回答都顧左右而言他，他打算先衡量對方的份量，而他那搜查員般的眼光，注意到客人手上戴了一只金錶……他因此得出一個結論，認為人類顯然都有些共通之處。這是一堂令他非常難忘的課。

張將軍顯然想要顧及最基本的表面工夫，他首先將一紙關於如何和平解放西藏的協議副本──通稱為《十七條協議》，以及兩份附件（一份是關於藏軍的未來，另一份則提到萬一達賴喇嘛選擇流亡，會發生什麼後果），交給達賴喇嘛，然後又問他接著打算怎麼辦，何時要回拉薩。達賴喇嘛只簡短地答說：「快了」，就沒有第二句話。他心裡很清楚，中國特使巴不得跟他一起走，不然也要一起進拉薩，而這正是達賴喇嘛無論如何也要避免的。

## 返回拉薩

經過這冷淡的第一次接觸後，第二天他們就開始著手準備回程，這次的速度比來時要快多了。八月初，官方隊伍正式上路，好整以暇地朝京城邁進。

達賴喇嘛此時也有心理準備，他打算在那受到嚴密監視的有限自由範圍裡盡量地活動。因此他花很多時間在一些小村鎮上停留，一來為了滿足個人的好奇心，想要更深入地了解民情，二來則是為了安撫人心。

也許他自己也沒有十分的把握，但天津嘉措仍然很努力向人民保證，雖然國家受到外來侵略，但漢人自稱是西藏的朋友，他們甚至承諾一旦中國的「援助」開花結果，藏人有更好的生活時就會撤離……為了鼓舞民心士氣，他嘗

試公開說法，根據在場人士的見證，他表現得非常好。而透過和地方官員、村長和普通老百姓的會晤，讓他更能掌握各地的狀況。他廣聽民怨和民意，打算盡快頒布改革來解除人民的痛苦。

雖然達賴喇嘛一路上都在忙著這些事情，但他也隱約感覺到日後的難關重重。他衡量自己曾對人民許下的承諾有多麼重大，而無論他走到哪裡，全國上下對他表露無遺的信心和愛戴，更令他感到任重道遠。他有時會害怕，因為覺得自己還未有萬全的準備。

不過，他畢竟還是承擔了責任，一面告訴自己，這是自己的選擇，那首他從小每天日課都要不斷重複，如此已唸了好幾輩子的詩，不就是一個例證：

乃至虛空世界盡
及以眾生界盡時
此中願我恆安住
盡除一切眾生苦[6]

這又是個欣賞壯麗景色的大好機會，少年高高地跨在坐騎背上，視野極佳。那是頭很老的騾子，從前是專屬於熱振仁波切的坐騎。隊伍在江孜停了幾天，才又沿著羊卓雍錯（Yamdrock Tso，意即「碧玉湖」）來到桑汀寺。草原上徜徉著數以千計的羊群，山間成群飛奔的野生黃鹿和羚羊，就如達賴的喜悅心情。他任由夏日光線勾引著自己，享受這些稍縱即逝的幸福片刻。直至今日，他每憶及此，聲音裡仍有種非常特殊溫柔的語調，可見當時那種震撼的力道，彷彿他正從家鄉土地中的秘密泉源，汲取某種無人可擋的能量。桑汀寺給他留下一種很祥和美好的印象，這座寺院好幾代以來，都是由

女神金剛亥母（Dorje Phagmo）⑺所轉世的比丘尼擔任方丈一職。當時那位年紀輕輕的女住持，還曾來晉見達賴喇嘛。

進拉薩之前，達賴喇嘛還爲了送達扎仁波切，特地繞路回他那距離拉薩約數小時馬程的本寺。他在那裡靜修了好幾天，默想這位老學究的諸多建言，這是兩人最後一次相處。到了要分手時，達扎仁波切還對達賴喇嘛說，如果從前曾對年幼的他太兇的話，請他千萬不要掛懷。達賴喇嘛因此非常感動，他認爲這位智慧圓融的高僧，正不露痕跡地在教他做人要謙卑的道理。

八月中旬，一行人終於回到諾布林卡，意味著正常秩序（大致）恢復。他們受到熱烈歡迎，民眾知道達賴喇嘛在外出九個月後又歸來，都鬆了一口氣，而經過這次的考驗，那有責任拯救天下蒼生的少年也成熟了。只不過還要過好幾年，他才能了解到要完成這樣的任務，不得不踏上流亡之路，去體驗一種全新的自由。

第 *7* 章
# 中國一年

中國進入西藏後，雙方無可避免地發生許多衝突，《十七條協議》並沒有真正執行。中國官員對西藏文化的欠缺了解與尊重，讓藏人的反抗意識日增。夾在中間的達賴喇嘛雖然看得見問題，卻無力解決。

一九五四年中共邀約達賴與班禪前往中國參觀祖國的進步，達賴不顧眾人的反對欣然前往。在中國一年，他更了解馬克思主義，他更了解中國，更了解中國的領導與態度。

1954年，達賴喇嘛（左二）和班禪（右二）喇嘛訪問北京，周恩來（左一）與朱德（右一）前往北京車站迎接。

達賴喇嘛避居錯模時（流亡的前兆？），拉薩也發生許多變化。這一點，當天津嘉措接到自己最親近玩伴之一，即一個對他忠心耿耿的清潔工去世的消息時，就立刻意識到了。對他而言，所剩無幾的童年之門，又關起了一扇。他對此心知肚明，即便他強調：「我的教育告訴我，哀聲嘆氣沒有用。」頃刻間，孤獨於他又更加沉重了。

如今他除了必須用功讀書之外，還要加上艱困的世俗領袖責任。起初兩位總理還能像一對脆弱的擋箭牌在前面抵擋，不過有時仍免不了要和管事的漢人短兵相接，而他對這個實在是意興索然。

### 張經武態度倨傲

他和中國派來的西藏省主席的關係一直很冷淡，張將軍很討厭別人當他是外國人──若未視他為侵略者的話。其實，當初他未能和達賴喇嘛一起進拉薩，心裡便已有嫌怨。

所以，當達賴喇嘛依傳統在禁衛隊總部首度接見他時，他竟因此而大發雷霆。「看到他那面紅耳赤、兩眼瞪視、唾沫橫飛、搗拳捶桌和氣急敗壞的樣子，我嚇了一跳，」達賴喇嘛回憶道：「後來我發現他雖然本性善良，但脾氣卻非常暴躁。」

大家很快就對這位易怒且態度倨傲的外國人心生反感。而他對那些本該與之共事的西藏官員又常常頤指氣使，弄得更加怨聲四起，氣氛在不知不覺中愈來愈差。年輕的達賴喇嘛立刻看出問題，即使他無法改善這一開始就受制於衝突對立，或弱肉強食法則的關係。

● 右頁圖：1951 年下半年，達賴喇嘛從錯模回到拉薩後不久，中共的軍隊開進了拉薩。先是 9 月和 10 月，來了數千名士兵，隨後幾個月內又湧進了超過兩萬名士兵。少年法王曾在布達拉宮屋頂上，以望遠鏡目睹共軍兵臨城下的景象，感受到國家將面臨有始以來最大的巨變，但對於眼前的這一切卻絲毫也使不上力。

## 西藏首度面臨饑荒威脅

起初兩邊都在互相觀望，藏人咬緊牙根、強忍怒氣，以免拂逆達賴喇嘛的旨意，而中方負責人則巴望救兵早日來臨，好從此丟開他們的假面具。結果達賴喇嘛從錯模回來還不到三星期，北京的先遣部隊就在九月開進拉薩，幾千名士兵將拉薩團團圍住，開始替自己和隨後就到的袍澤搭帳埋灶。

雙方都彼此猜疑，卻不敢完全表現出來。倒是在老市區的窄巷裡，開始流行起一些措辭尖銳的小曲，足見老百姓不但警覺性高，對雙方是否能發展出真誠的友誼並不看好。

這種心照不宣的休兵狀態並未持續太久。十月底，拉薩城裡又湧進三千名中國士兵，情況開始嚴重惡化。對西藏人而言，這簡直是太過份了，他們嘴裡不滿地咕噥著那句當地流傳已久的諺語：「當你看到一個漢人，要知道他後面會跟來十個。」

老祖宗的智慧很快就獲得證實。數月之間，超過兩萬名的共軍支隊又陸續湧進聖城，顛覆傳統上脆弱的、賴朝聖和法會活動所造成之人口季移而達成的經濟平衡。常駐軍營和兵工廠並不在此限，推翻了過去那些標準截然不同的計算方式。

有史以來，西藏首度面臨饑荒的威脅。中方負責人為養活軍隊，索求一天多過一天，只不過西藏當局既無能力，也無倉儲來滿足這些需求。在鄉間，農人們竊竊私語；在拉薩，民眾莫不抱怨物價上揚猶如箭飛，而在此之前，藏人根本不知通貨膨脹是什麼。寺院裡那些武藝高強，號稱「桌巴桌巴」（dob-dob）的保安僧團，則瞬間多出許多料想不到的徒弟，大家都想練武學習如何

自衛和攻擊。

## 漢人不尊重藏人風俗

再者，漢人並不尊重藏人的風俗習慣，也讓彼此關係更爲緊張。中國駐軍除了導致地方經濟惡化，引起民怨之外，還不肯入境隨俗，無疑也對藏人造成相同的傷害。

對西藏人而言，拉薩是神的國度、聖城，因此特別忌諱在城裡殺害動物或燒骨頭，而中國士兵對此卻毫無顧忌。大街上，藏人對佔領軍動輒挖苦嘲弄，有些小孩還會趁機丟石頭。一些民謠小調，更是什麼都拿來取笑，尤其是那些軍官的自負和漢人的不守信用，以及那種耀武揚威的征服者姿態。

後來張經武將軍終於按捺不住，開口要西藏政府下令禁止這些傳單、看板和歌曲，指控它們全是「反動陰謀」。乍聞之下，這件事先是讓人覺得不可思議，進而感到可笑，最後竟在臨時召開的會議上，引起嚴厲批判，有人揭舉敲詐勒贖的事實，並要求外國軍隊立刻撤離，順便將那些不知從何處冒出的小貴族，甚至當地統治階級的膽怯表現，也諷刺了一頓。大家最後想出一個解決辦法，分別以副本知會噶廈和共軍司令部，如此更加深當地人與佔領軍之間的嫌隙，並煽起中國官員的怒火。

## 雙方言語衝突

儘管《十七條協議》曾點出承諾，但中國的公務員和官僚仍成群結隊地入藏，而省主席不但一直增加開會次數，還堅持要藏方派內閣閣員出席。西藏人起初只是坐在一邊，默不作聲地看著一場場冗長空泛的議論。不過，當這

些即使不是敵人，至少也是入侵者的傢伙，開始提出一些教人跌破眼鏡的要求時，俗家總理魯康瓦便靜靜地宣稱這些根本辦不到，勸中國人最好不要做白日夢。

他說當地居民所需和政府能運用的資源，兩者間的平衡向來就很不穩定，若行政院倉庫裡還有存糧，頂多也只能供應中國軍隊再撐個把月。接著他又開門見山地指出，實在看不出有任何理由需要在首都駐紮如此龐大的兵力，若這些軍人要來保國衛鄉，那麼最好派駐邊境，拉薩只要幾個士官和軍官就已足夠。

從暗中較勁到言語衝突，雙邊負責人的關係就這樣愈來愈緊張，令達賴喇嘛不禁憂心忡忡。雖然他已盡力在約束藏方代表，以免情況繼續惡化，但還未到介入的時候。而中國來的省主席起初多少維持著禮貌，卻也無意要改變對事情的看法：是西藏政府要中國派兵入藏的，當然有責任提供食宿，以換取共軍來捍衛世界屋脊，使其不致淪為「外國帝國主義的箭靶」……老百姓愈想講出心底的話，只有愈助長中國官兵的威風，最後竟直指西藏總理「預謀違反十七點協議」。

他們不願也無法了解，藏人無需北京這種霸王硬上弓式的幸福，即使大家都認同要跟上時代就得改革，但他們寧願開拓自己的路。不過，有些中國官員也開始發現到──即使他們實在無法體會，究竟是何等微妙的機制，讓法王及其同胞如此脣齒相依──想教藏人聽話，就必須直接去找被奉為最高領袖的達賴喇嘛。

## 兩位總理辭職

達賴喇嘛對家國中所發生的巨變，雖連最微細的枝節都瞭若指掌，卻絲毫使不上力，只能專心讀書。他曾親眼目睹一些永難忘懷的景象，譬如那次在布達拉宮屋頂上，以望遠鏡所觀察到的共軍兵臨城下，只見那些緩緩前進的隊伍逶迤似無盡頭：

> 他們來到城牆時，到處是畫著毛主席和他的副手朱德的紅旗和海報。然後是喇叭和土巴號的聲音。全場景象令人印象深刻。這就是人民解放軍，看來十足地魔氣。……我注意到士兵實際上處於非常困頓的狀況：制服襤褸，看來全都營養不良。加上藏地高原亙古積灰髒了他們的臉，使他們有一副好戰的外表。[1]

就在此時，達賴喇嘛也開始鑽研《菩提道次第廣論》（Lam Rim）。這部書是格魯派最重要的著作，由創派者宗喀巴親自執筆。

天津嘉措從八歲起，就一面接受寺院教育，一面慢慢熟悉密宗諸法門。《菩提道次第廣論》是心性修行之鑰，對如何透過精進的禪坐而達到正覺，有非常詳盡的解釋。兩位導師則繼續傳授他一些通常只由師徒相授，唯有極少數入室弟子方可獲得的秘密知識。

在那個忠實的清潔工朋友過世後，前任攝政達扎仁波切——曾是他的諸啟蒙師之一，可謂達賴童年時期另一位重要人物——也與世長辭了。彼時他正在進行嚴格的年度閉關，不便前往參加恩師的荼毘大典。不過數星期後，他還是親自到達扎仁波切的本寺，在其靈骨塔前，做了很長的殊勝儀式。

### 達賴無法使力，專心讀書

達賴喇嘛可感覺四周氣氛愈來愈差，已到無可救藥的地步，他拼命想提振身邊一班俗家官員的士氣，他們想和入侵者講理卻總是撲空，四周又充滿震耳欲聾的反抗怒吼，早已被弄得精疲力盡。當初共軍在一片嘹亮的管樂聲中走進拉薩時，曾驚喜地發現群眾雖個個繃著一張臉，但竟對他們鼓掌歡迎。只不過他們不知道在藏人的習俗中，拍手是驅鬼的最佳方式……

雖然政府三申五令，禁止民眾找中國人的麻煩，但傳單和海報還是滿城紛飛，絲毫不在意是否敏感的問題。張將軍一怒之下，直指兩位西藏總理是「陰謀造反的帝國主義罪人」，並排擠他們，辯稱只想跟達賴喇嘛對話。達賴本來不願意，直到某天，在一次氣氛火爆的會議上，省主席覺得自己被羅桑扎西一句尖酸的話刺中，便朝他撲去。這舉動嚇壞了達賴喇嘛，趕緊從中攔阻，從此他就不得不輪流接見他們。

不過雙方仍免不了在一些照常舉行的共同會議上碰面，於是衝突再起。那天張將軍只宣佈了一個討論要項——將藏軍收編爲共軍，魯康瓦立即回嘴說這絕無可能，且不論這是否構成「十七條」裡的一條，中國早已多次觸犯「十七條」，這紙協議已無絲毫價值。張將軍聽了也不甘示弱地表示，至少要把西藏國旗換成五星紅旗。

魯康瓦反唇相譏：「如此一來，我們就燒了紅旗，讓你們好看。」他接著又說：「你們才剛打破一個人的頭，就要他馬上跟你做朋友，請問這有可能嗎？」討論就此打住，張經武鐵青著一張臉離去。

於是北京傳來一份語帶恫嚇的匯報，達賴喇嘛在兩面夾擊下，爲保住兩位總

理的性命，不得不接受他們的辭呈。數月之間，大家總算暫時相安無事，天津嘉措也可趁機亟思改革之道。

## 與班禪會晤

就在此時，班禪喇嘛在中國嚴密的保護下回到西藏，他可說是藏傳佛教的第二把交椅。十世班禪確吉堅贊（Choekyi Gyaltsen）[2]於一九三八年在中國控制下的青海省循化縣出生。一九四四年六月他得到國民黨的正式「認證」，不過當時藏方教中層峰所選的是

● 十世班禪確吉堅贊高坐在扎什倫布寺法台上講經。扎什倫布寺位於西藏第二大城日喀則，這是班禪喇嘛歷來的駐錫地。1938年班禪十世在青海循化縣出生，1944年經國民黨認證為十世班禪。

另一個男孩，他原籍康區，自幼在日喀則的扎什倫布寺（班禪世系的傳統基地）出家。

在國民黨的撐腰下，確吉堅贊順利出線，共產黨奪權成功後，又理所當然地接收過去，並照所想要的樣子致力改造他。當藏傳佛教兩大轉世者首度見面時，兩個少年好像很投緣。班禪比達賴小三歲，對他也表現了明顯的敬意。這樣的姿態顯然惹惱他的後台，於是班禪只在布達拉宮正式見過達賴一面，和他單獨用膳一次後，就立刻被召回了。

## 亟思改革

儘管停火協議只是暫時的，但至少讓達賴喇嘛有時間將注意力放在進行改革上，那是他在錯模時的想法。他的目標有教育和司法，這兩項制度在他看來已完全跟不上時代。

## 班禪返藏

● 西元 1952 年 6 月 23 日，在中國嚴密的保護下，十世班禪重回到西藏。一行人抵達日喀則，日喀則郊區聚集了六萬多人歡迎。許多僧侶百姓在此等候了一個多月，看見班禪時不少人更痛哭流涕，場面感人。許多多年不見班禪的信徒前來接受他的加持。

班禪喇嘛與達賴喇嘛均為宗喀巴的弟子，傳統上互為師徒，互相認證對方的轉世。班禪喇嘛可說是藏傳佛教的第二把交椅，上世紀二十年代，由於達賴、班禪之間的矛盾，導致九世班禪額爾德尼曲吉尼瑪於1923年離開駐錫之地扎什倫布寺，長期居留中國。九世班禪曾請國民政府出面請其返回西藏，但未能成功。因此1952年班禪的返藏是達賴與班禪近三十年來的第一次接觸。而當時達賴喇嘛僅十七歲，班禪喇嘛僅十四歲。這次的聚會本來期望的是藏人的團結，但是，雙方的擁護者卻為了各自的利益向中共軍隊尋求奧援。結果在拉薩的第十八軍告訴北京，達賴喇嘛是控制西藏的關鍵人物，必須支持他；而在日喀則的第一軍則說，班禪的王廷長期效忠中國，是唯一可靠的盟友，於是期望的合作又一次錯過。

● 隨著班禪一起進入西藏的是共產黨的紅旗以及毛澤東與朱德的巨幅肖像。由於歷來班禪與中國的關係比較親近，因此，中國一直希望藉班禪的力量來處理西藏問題。

## 班禪喇嘛世系傳承

| 世次 | 名字 | 出生地 | 年代 |
|------|------|--------|------|
| 一世 | 克珠杰 | 後藏拉堆 | 1385-1438<br>（明洪武十八年至明正統三年） |
| 二世 | 索南確朗 | 後藏萬薩 | 1439-1505<br>（明正統四年至明弘治十八年） |
| 三世 | 羅桑丹珠 | 後藏羅奎 | 1505-1566<br>（明弘治十八年至明慶隆元年） |
| 四世 | 羅桑曲杰 | 連楚白瓦 | 1567-1662<br>（明慶隆二年至清康熙元年） |
| 五世 | 羅桑益西 (註) | 南木林托杰 | 1663-1737<br>（清康熙二年至清乾隆二年） |
| 六世 | 巴丹益西 | 南木林扎喜則 | 1738-1780<br>（清乾隆三年至清乾隆四十五年） |
| 七世 | 丹白尼瑪 | 後藏白朗嘎東 | 1782-1854<br>（清乾隆四十七年至清咸豐四年） |
| 八世 | 丹白旺修 | 後藏南木林 | 1855-1882<br>（清咸豐五年至清光緒八年） |
| 九世 | 曲吉尼瑪 | 前藏朗縣 | 1883-1937<br>（清光緒九年至民國二十六年） |
| 十世 | 確吉堅贊 | 青海循化 | 1938-1989<br>（民國二十七年至民國七十八年） |
| 十一世 | 確吉杰布 | 西藏嘉黎 | 1990 至今<br>（民國七十九年至今） |

註：清康熙五十二年冊封羅桑益西為「班禪額爾德尼」，並賜冊印。「班禪額爾德尼」稱號從此開始。

此外，他在旅程中也意識到若想解除西藏高原的孤立狀態，就一定要大力改善現有的、幾乎可說不存在的公路系統，這些想法都需長時間來實現。而少年法王的第一步，即全面取消繼承債務，貧戶可暫緩償還向政府借的錢。

這些命令不僅惹惱一些小貴族和寺院住持，也讓中國感到難堪。中國人的時間表顯然和藏人的不同，且他們已開始在安多省實施土地集體化。為了讓藏人了解集體化的好處，並希望藉此讓他們歸順，中國方面還特地邀請一支西藏代表團訪華，只不過代表們回來時，心中仍頗不以為然。

### 接受時輪金剛灌頂

一九五三年夏，少年達賴接受了時輪金剛（Kalachakra）灌頂[3]。這是密教傳承中最高的儀軌，由導師林仁波切親自為他灌頂，而他日後也多有機會在世界各地為流亡藏人和廣大的西方善信，進行時輪灌頂。不過，當他在拉薩時，對這部複雜奧妙的宇宙論仍有待進一步的鑽研和體悟。根據傳統的說法，包含七百多個神祇的《時輪經》，對世界和平有殊勝的重要性。

每次進行時輪金剛灌頂時，都非常講究個人事前的準備，至少需要一星期的時間。嚴格說來，公開儀式也非常費時，且分成好幾個部分舉行。前面的階段人人都可參加，但第三級就需要受過特殊訓練的人，所以只有一小群已準備妥當的信徒能接受灌頂，並取得傳承該法門的資格。

至於十四世達賴喇嘛生平首度的大型灌頂法會，則是在一九五四年的祈願大法會（Monlam，亦有音譯為默朗木節），於大昭寺正式受具足戒後在拉薩舉行的。祈願大法會為一年一度的大祈願節，是藏曆新年的開春大事，而北京當局也選在此時，具函邀請他到中國參訪。

● 達賴喇嘛於 1953 年由林仁波切授予時輪金剛灌頂，1954 年第一次傳時輪金剛灌頂。到目前為止達賴喇嘛已經傳過二十九次的時輪金剛灌頂大會。時輪金剛是藏傳佛教金剛乘中無上瑜伽中的一部，格魯派特擅此部密法。一般認為在末法時代，為了解脫救度末法時期的眾生，時輪密法將更廣為傳佈。末法現象愈顯，則時輪密法也將愈為廣傳。此為布達拉宮的時輪金剛唐卡，藍膚的時輪金剛佛父擁抱黃膚的佛母。

## 應邀訪問北京

達賴喇嘛身旁的親信對此雖意見紛紜，但都懷疑對方存心陷害。不過，既好奇又意志堅定的天津嘉措，想要親眼去見識，並暗自希望能私下會晤毛澤東和中共其他領導人，藉此至少讓北京遵守公開的承諾。前一年他已派人去過，代表團返國後所交的報告喚起他的警覺心。所以，他的立場很堅定，更何況當時拉薩正準備下一期專為立憲而召開的國民大會。他認為自己有責任前往，這不正是為西藏人爭取某種程度的獨立，並實地去了解的大好機會嗎？為安撫人民焦慮的情緒，他特地在一次公開的大型法會中，保證明年就會回來。

於是一支約由五百人所組成的龐大隊伍，包括達賴喇嘛的家人、導師、近侍、僧侶、商販、貴族和平民，浩浩蕩蕩地上了路。他們於盛夏時出發，拉薩到北京有三千公里的路程，雖是萬里無雲的天氣，卻彷彿籠罩著一層無聲的憂懼：達賴喇嘛此去吉凶未卜，藏人莫不難掩心中的悽惶之情。

## 水牛頭神轉向東方

一行人搭著獸皮小舟（coracles）[4]渡過奇楚河（Kyi-chu）後，首先到甘丹寺休息。甘丹寺為「西藏三大寺」之一，坐落在海拔五千公尺的高山上，是聲望很高的經院。從那裡可俯瞰附近山谷的壯麗景致，陽光普照下，整個寺區的佛殿、經堂和僧房，籠罩在一種天人合一的寧靜氣氛裡。此情此景，曾讓義人圖齊[5]（Giuseppe Tucci）興起「世外奇觀」之嘆。

● 左圖：大祈願法會，最後一天的遊街盛況。1954 年達賴喇嘛在當年的祈願法會上正式受了比丘戒，這一年的祈願大法會也是他生平所傳第一次大型的灌頂法會。

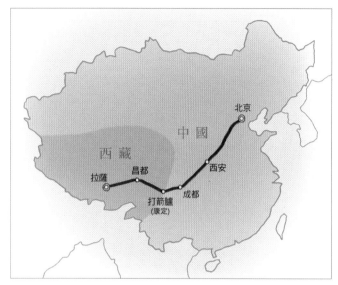

● 1954 年，中共邀請達賴訪問中國大陸。達賴抱著希望能私下會晤毛澤東，藉此讓北京遵守公開承諾的想法，因此力排反對聲浪決定前往。

拉薩至北京有三千公里的路程，達賴由拉薩出發，搭獸皮小舟過奇楚河，到甘丹寺，經過空波、德模，到了波玉，開始坐吉普車，經過西康首都昌都、打箭爐(即康定)，到達四川成都，再到新岡與班禪會合飛往西安，然後坐火車前往北京。達賴、班禪一行人在北京停留十週，北京十月慶典後才離開。

這是達賴喇嘛第一次朝訪甘丹寺，他興致勃勃地停留了好幾天，除認識環境外也接見臣民，做些簡短的開示，或在莊嚴、充滿冥思的氣氛中，跟隨眾人一起做日課。當時曾發生一件很奇怪的事，讓他至今印象深刻。

原來藏人禮拜的眾神有不少忿怒相護法神，而其中一尊水牛頭神[6]是最厲害的護法神之一。達賴喇嘛還記得他剛到甘丹寺時，曾禮拜這尊牛頭神，那時牠的眼睛是往地上看，臉色溫和。等到要再上路前，他依習俗到神像前獻哈達，沒想到牛頭竟已明顯地轉向東方，並露出十分凶狠的表情。直至今天，達賴喇嘛仍不知要如何解釋這奇異的轉變。

### 艱困的行程

接著是一連串艱困的行程。暴雨沖失了共軍在空波（Kongpo）地區所築的路基，土石流隨著融雪和雨水滾滾而下，地面泥濘得連騾子都站不穩。儘管那些西藏嚮導都認為應該改走海拔較高的古道，但負責護送的中國官員仍堅持要在一條已蕩然無存的公路上前進。後來洪水又沖走三個中國士兵和幾頭騾子，才讓他們不再固執己見。

雖然達賴喇嘛希望能在精舍或寺廟掛單，但沿途仍住在軍營裡，在那裡總有些立正站好的士兵，搖小紅紙旗歡迎他們。如此走了三星期後，這支灰頭土臉、渾身是泥的隊伍，總算來到公路可通的波玉（Poyul）地區。成排的吉普

車和卡車早在等候，打算將這一行人經由在中國佔領的昌都送到成都去。

一旦過了藏、漢向以爲界的打箭爐（Dhar Tse-dho，即康定，此處爲中藏歷史邊境，過了這裡便進入了四川），達賴喇嘛立刻注意到雪鄉和中原果然是兩個迥然不同的世界，讓他不禁自問，如果兩國人民之間也是如此南轅北轍的話……抵達成都後，他就發了一場高燒，在床上躺了好幾天，稍有起色，就立刻整隊出發到新岡與班禪喇嘛及其隨從會合。

## 與毛澤東正式會面

兩大法王隨後乘坐一架老飛機前往西安，這是達賴喇嘛第一次搭飛機，心中好奇得不得了，但他也自陳對這種交通工具無法完全放心。西安在古時曾是中國的京城，從這裡到北京的行程所搭的是輛特別列車，裡面的設施可謂極盡奢侈，連餐廳和浴室都有。不過達賴喇嘛也承認，當他愈接近這趟旅程的目的地，心頭也不時地緊張起來。

無論如何，他們還是受到盛大的歡迎，這一切顯然經過特殊安排，只爲讓對方留下深刻的印象。看在達賴喇嘛眼裡，樣樣都非常新鮮，不過即使當晚的盛宴令人大開眼界，他最關心的仍是朱德會講什麼話。結果這位元帥只一再強調西藏終於重回祖國懷抱，中國政府會盡一切努力幫助西藏發展，爲那裡帶來進步。兩天後當他與毛澤東正式會面時（在場的還有劉少奇），毛又說了相同的話。

少年達賴對毛澤東的印象非常深刻。他們後來又見過好幾次面，「偉大的舵手」顯然很懂得如何抓住與會人士的注意力。天津嘉措回憶道：

（下接第 179 頁）

## 達賴喇嘛北京行

● 左上圖：1954年秋天達賴喇嘛與班禪喇嘛抵達北京，參加十月慶典與人民代表大會。會上達賴當選為第一屆全國人民代表大會常務委員會副委員長，班禪當選常務委員，都是沒有實權的空銜。

● 左下圖：在京期間，達賴見過毛澤東十二次。毛對達賴甚為友善，達賴形容他有一種非常誠懇、威嚴的神情，非常富決斷力。毛曾對達賴表示，十七條協議的實行時間要看西藏認為需要多久，因此達賴還曾認真的考慮與中國合作，為西藏謀福。但這些友善的表態最後都被殘酷的事實所撕破了。

● 右頁圖：1954年9月，毛澤東（中）在中南海勤政殿接見達賴喇嘛（右）和班禪額爾德尼（左）。

● 上圖：達賴喇嘛與周恩來。對於周恩來，達賴喇嘛有著不同於一般的印象：「他總是笑臉迎人，魅力十足，禮貌周到得讓人不禁要懷疑起他是否可靠。」

● 下圖：達賴喇嘛的妹妹（左一）、母親（左二）、三哥（右一）還有小弟都一起參訪北京。圖中右二者為樸錯汪結。他是達賴喇嘛在北京時的翻譯，是一個企圖以共產主義帶給西藏進步的熱情藏人。達賴在北京期間與他有許多意見交流。後來達賴還曾請張國華建議毛，用樸錯汪結為黨書記，但因他組織了一個不讓中國人加入的西藏共產黨，而被革職，坐牢直到七〇年代晚期。

　　毛澤東卻有一種非常誠懇、威嚴的神情。他只要站在那兒，就能使人肅然起敬。我也覺得他是完全真實，並且非常富有決斷力。(7)

不過，這位紅色中國的新領導者喜歡說些前後矛盾的話，讓達賴喇嘛有時頗不知所從。此外，毛主席親口答應過的事都從未實現。例如他說派到拉薩的中國將領並非來發號施令，而是來遵行已達成的協定，居中促進雙邊合作。毛澤東甚至宣稱：「一切都必須在西藏人民的同意下進行」，達賴喇嘛因此開始認真地考慮和這超級強鄰合作的各種利弊。不過，共產黨員喜歡一味強調物質對人類存在的重要性，這點他非常無法苟同。相較於那些左右手，他覺得毛澤東很有誠意。像周恩來，就讓他留下毀譽參半的印象：

　　他總是笑臉迎人，魅力十足，精神奕奕，禮貌周到得讓人不禁要懷疑他是否可靠。總之，他就是客氣過了頭，變得有點虛偽。第一次見面時，我就發現他不但非常精明幹練，且是個意志堅定，勇於任事的人。(8)

## 與尼赫魯首度會面

在北京停留的六週裡，達賴喇嘛除了參加盛筵和無聊得好似沒完沒了的會議外，有的是機會和當時一些大人物擦身而過。他對赫魯雪夫（Khrouchtchev）和布爾加寧（Boulganine）(9)並未留下深刻的印象，倒是對與尼赫魯的首度會面感到大失所望——也許是期望太高了吧！那是在一次公開接見的場合上：

　　還沒有輪到我時，他似乎非常和藹，跟每個到他面前的人都說上幾句話。然而，輪到我時，我和他握手，他卻木然不動，眼睛直視正前方，一句話也不說。我覺得很窘，我說了一些「能見到你，我好

● 1955年1月底，正值藏曆新年羅薩節，達賴喇嘛與班禪喇嘛邀請了朱德、劉少奇、周恩來與毛澤東共度新年。席間毛澤東問達賴為何將捏好的糌粑丟向空中，達賴解釋這是一種對諸佛供養的象徵，毛澤東也學著學做了一回，接著他又取了另一撮糌粑，戲謔地卻將它丟到地板上。在達賴喇嘛回拉薩前，毛澤東鄭重地對達賴喇嘛說：「宗教是毒藥。」達賴驚懼地明白原來毛是個滅法之人。

高興」以及「雖然西藏是個邊遠國家，但是我曾聽說過許多您的事蹟」之類的話，想打破僵局。最後他終於說話了，不過卻是敷衍了事的態度。(10)

## 訪問中國內地

入冬後，達賴喇嘛及其隨從開始在中國內地一連串的訪問。這些行程都經過精心安排，目的在炫耀共產主義從工業發展到民生樂利等各方面的成就。不論是水力發電站或一般渾身生鏽、擱淺在滿州里的老戰艦，達賴喇嘛對任何別人想要給他看的東西都很感興趣。

但不用多久，天津嘉措就看出這一切不過只是表象。他說：

> 一種千篇一律的死氣沉沉，沒有幽默感，不過偶爾也會從中射出一
> 種令人意想不到卻又樂見的光芒，那是舊中國的傳統魅力和彬彬有
> 禮。[11]

回到北京後，時值慶祝藏曆新年——羅薩節（Losar），毛澤東、周恩來、劉
少奇和朱德都受邀赴宴。到了三月初該回拉薩時，所有參與這趟奇異之旅的
成員都覺得放下了心中一塊大石。

出發的前一天，達賴喇嘛還最後一次參加共產黨指導委員會（他心裡也許抱
著一絲連自己都已不再相信的希望），當天議程主要在訂出西藏自治區籌備
委員會的方針。

## 返回拉薩

一行人在回程途中曾多所停留，達賴喇嘛得以實地了解藏人在共軍佔領下的
生活情形，看到同胞們日益加深的苦難和揮之不去的絕望，他雖天生樂觀，
也難免深受打擊，現在只能背水一戰，來捍衛那些僅存的希望。

他也聽說有人企圖揭竿而起，但覺得這是白費力氣而已。他雖欽佩那些戰士
的勇氣和決心，不過很清楚敵我力量懸殊的殘酷事實，又要遵守出家人不可
殺生的戒律。所以，他知道若訴諸武力，根本毫無勝算的機會。
想在這條路上堅持下去，的確需要堅定的信仰。偏偏這趟春天的旅程中，他
心中的懷疑隨著每一站的停留而有增無減——接二連三的謊言和層出不窮的
技倆只為阻止他和人民見面。

達賴很快就明白，為何中國官方對他的安全問題有種被迫害狂似的焦慮，而說出的理由都幾近荒謬，全然反映出漢人政權對藏人心態一無所知。到了六月，他們終於回到拉薩，大家在鬆了一口氣的同時，新的煩惱接踵而至。

## 漢人強制改革西藏

雖然拉薩的緊張情勢稍緩，一股歸順的情緒開始取而代之，但從康區和安多卻傳來告急的消息。漢人政權在那裡強行採取改革措施，增加賦稅，連廟產也課以重稅，而自古以來過著游牧生活的牧民，則被迫開始定居。

除了這些強制手段外，定期灌輸教條更讓藏人忍無可忍。入秋後，中國代表奉命開始沒收康巴人的武器[12]，這些桀驁不馴的戰士便群起組織游擊隊，至於一般的農、牧民，則是整村地湧向拉薩尋求庇護。

關於酷刑、殘忍和羞辱方法的各種傳說，有如野火燎原，而那些被當成政治再教育手段的公開自我批判大會，更令人不寒而慄。當達賴喇嘛聽到諸如五馬分屍、倒吊和砍頭等酷刑時，簡直難以置信，他無法了解為何人對待同類竟可以變得如猛獸般凶殘。

佔領者犯下的這些暴虐和勒索行為，激起西藏人民的怒火，街頭巷尾的耳語再度流傳。藏曆新年和大祈願節的各項準備事宜，一向能吸引形形色色的人來到拉薩，極有利於互市交流，而一些士紳名流也會趁機募款，目的在舉辦一個專門供養各方護法神的民間大型法會，以確保達賴喇嘛政躬康泰。西藏的「曲西崗珠」（Chushi Gangdruk）[13]抗華運動，即在這個理想的掩護下，暗中籌措起來。

至於所謂的「西藏自治區籌備委員會」，很快地也成了另一個問題。其中大部分成員都是北京的傀儡，聽命於中國政府，而根據「民主集中制」[14]，該委員會實難逃「多數的意見都是被操作出來」的定律。

## 人民要求「藏人治藏」

達賴喇嘛意識到這點，眼見一扇希望之窗又要關上了，原來他以為只要委員會多幾個西藏人就可佔優勢。結果最前面的幾項措施一公佈，藏人便群情譁然，咸認為後果將不堪設想──這根本是要徹底顛覆他們的生活方式，他們連聽都不想聽。拉薩街上的反對聲浪再起，到處可見簽名請願的運動，意見領袖紛紛跳出來，單刀直入地要中國人馬上離境，要求「藏人治藏」。

無論是滿天飛的傳單，或臨時舉行的群眾大會，全都充斥著排華的情緒。大祈願節因此染上一層前所未見的政治色彩，不過年紀輕輕的達賴喇嘛絲毫未受影響，主持法會仍四平八穩，十分熟練。然而，就是在這種過節的虔誠氣氛中，陰沉沉的迴響一路傳進拉薩：漢、藏邊界上連續發生許多小規模的衝突事件；當地領導的壓力愈來愈大，強迫他們接受那些無論如何也不想要的改革；西藏和中國真的打起來了。

由於寺院被共產黨視為反抗勢力的大本營，所有的寺院都受到嚴密監視，特別是在藏東──侵略者總愛擺出一副新主人的模樣。氣氛愈來愈沉重，達賴喇嘛也愈來愈常想起他前世所說的悲慘預言，那些黑暗時代肯定已逐漸成為真實。不過，那一年涅沖寺的巫師在傳統的新年占卜中，是以這些模糊的話語來結束神諭：「摩尼寶光[15]將照耀西方……」

第8章

# 印度朝聖記

到印度朝拜佛陀出生與成道的聖地，是每個佛教徒心中的大願，達賴喇嘛當然更不例外。然而，當印度摩訶菩提協會邀請達賴喇嘛參加佛陀二千五百年誕辰慶典時，卻因政治考量幾乎無法成行。當達賴最後來到鹿野苑，佛陀初轉法輪的地方，達賴喇嘛忍不住熱淚盈眶。他說：「我為什麼會哭？因為我是個佛弟子，而這幾塊供在這裡的佛骨就是佛陀僅存的遺骸。因為我個人感受到一種責任的召喚，必須兢兢業業、毫不鬆懈地修行，才能遵照祂的指示，在真理的大道上走下去；因為人類所謂的永恆，不過只是一段時間而已……」

印度鹿野苑的阿育王石柱（林許文二攝）

　　且完成開路和闢建小機場後，隨著大軍入藏，中共對西藏的控制也加快了腳步。這態勢達賴喇嘛一天看得比一天明白，而他有時太過天眞的明顯善意，對此卻無能爲力。他後來回憶道：

> 籌備委員會不過是虛有一個自治政府外殼，我絲毫看不出它將來有什麼希望。更糟的是，我覺得人民已經開始不聽我的話了。[1]

## 「西藏自治」只是個幌子

共產黨很積極地在拉薩爲來藏的官員，蓋一間賓館、一座公共澡堂和一棟位於布達拉宮前的大會堂，藏京於是首度出現以鐵皮浪板蓋的屋頂。

一九五六年四月，陳毅元帥[2]親率龐大的代表團，來拉薩參加某些新行政機構的開幕儀式。事情至此已非常清楚，《十七條協議》中的承諾及其實際的表現，顯然背道而馳。

原來「西藏自治」一說只不過是個幌子，決策權仍全操在中國當局手上，而藏人的編制注定淪爲沒有臺詞的龍套角色。所謂的「西藏代表」其實都是在爲共產黨抬轎，只能在非他們不可的場合裡——例如在外國人面前——出來站台。那些徵詢主要關係人意見的虛情假意，到最後都變成西藏各地方首長紛紛闢謠，而面對這種始料未及的消極反抗，中國領導人只能拿起他們唯一會用的武器——鎭壓。

儘管是非常時期，達賴喇嘛表面上就像什麼也不曾發生似的，仍繼續讀書、靜坐和念經的功課。在與漢人打交道的過程中，他被鍛鍊得愈來愈堅強，他盡力想找出雙方共同的立場，好爲同胞爭取自由的空間，卻徒勞無功。

●1956年4月17日，中共副總理兼外交部長陳毅，親自率領五百人的代表團來拉薩祝賀西藏新政權組織成立「西藏自治區籌備委員會」。中共中央此時對西藏的策略是攏絡傳統的統治階層，承諾不改革西藏自治區，但是在自治區外的藏人地區卻與內地同時開始了改革。陳毅來到西藏，名為「祝賀」，實際上是來監督西藏自治區籌備委員會的進度，同時避免激化達賴與噶廈政府的抗拒。達賴（左拿花者）與班禪（右拿花者）前往迎接陳毅（中央戴眼鏡者）及他龐大的中央代表團。此圖由法新社提供。

●「西藏自治區籌備委員會」由四組人構成──班禪喇嘛的代表，昌都方面的代表，中國代表，達賴喇嘛及其拉薩政府的代表。達賴喇嘛雖獲選為主任委員，但他只能主導該會四分之一的成員，班禪雖獲選第一副主委，但權力都在第二副主委西藏軍區司令員張國華手中。委員代表五十一人，卻都只是應聲蟲，達賴喇嘛與噶廈在西藏的政治權力就此被邊緣化。圖中為達賴喇嘛（左二）與班禪額爾德尼（右一）與陳毅（戴白手套者）。

北京來的人全都接到指示，執行起來更是毫不留情。至於漢人對藏人強取豪奪的行徑，聽起來一個比一個更殘忍，教天津嘉措簡直難以相信世上竟有這等情事。

直到那天，他攤開一份由中國官方在康區卡色（Karze）所發行的報紙，一張新聞照片上有幾顆被砍下的人頭，旁邊的圖說寫著：「反動罪犯」。他才知道世上果真有恐怖統治的存在，並憶及曾有個負責公安的中國官員問他三哥羅桑桑天：「『殺了他』的藏文怎麼說？」結果羅桑桑天被這問題嚇得驚惶失措。

## 應邀前往印度參加佛誕慶典

為了找回一點平靜，達賴喇嘛便常以法會和宗教儀式為藉口，盡量離開拉薩。如此一來，他就能連續好幾天不必管國家大事，這些事逼得他不得不常常去見中國官員。他還迫不及待地想到印度去看看，原來錫金大君（Maharaja）(3) 在過年後曾經來訪，並且帶來了一封印度摩訶菩提協會（Mahabodhi Society）的正式請帖，力邀他參加由該協會所舉辦的佛陀誕生兩千五百週年慶祝大典。

長久以來，天津嘉措就盼望能朝禮佛陀聖地，並在那些佛陀曾踏過的重要地點上靜修，所以他興高采烈地答應前往共襄盛舉。他還希望能見到尼赫魯以及繼承聖雄甘地的其他印度領導人，不過他從未透露這個想法。

## 被軟禁在家國中的囚犯

中國方面對這個訪問計畫卻有不同的看法。當時張經武人在中國，而由范明將軍擔任拉薩的職務代理人，范對達賴此行懷有深深的敵意，理由是籌委會事情繁雜，怎麼能在此時離開？再者，印度的反革命分子特多，境內並不安全，萬一達賴喇嘛稍有不測，誰該負責？而且這不過是個非官方的宗教協會所發出的邀請，又不是非接受不可，殊不知對達賴喇嘛而言，宗教任務的重要性遠勝過一切。

就在此時，共軍鐵蹄下的藏東情勢愈來愈惡化，安多與康區人民揭竿四起，每天都會發生血腥衝突事件。達賴喇嘛開始覺得他已無法成行，於是任命崔簡仁波切為代表率團赴印。

未料秋後當張經武再來拉薩時，竟對他宣稱中國政府已同意放行，只不過未忘記提醒達賴喇嘛凡事小心。由於此事聯合國教科文組織也有參與，他囑咐達賴喇嘛必須特別提防一些個人或組織，為挑起動亂傷害祖國所可能使出的陰謀伎倆，而如果國民黨的使節企圖進入會場，就要立刻離去。

此外，中國駐新德里的大使會在一旁監視，以確保一切都在中國代表的掌控之下。他尤其強調：「如果您想要跟他們玩什麼花樣，別忘了匈牙利和波蘭的遭遇。」⑷這句話夠明白了，即便他是個遠離世界的少年君王，一個被軟禁在自己家國中的囚犯。

稍後，天津嘉措才知道原來尼赫魯本人曾正式出面，為此事向北京交涉。北京仍不答應，不過幸虧印度領事的大力宣傳，藏區各大寺院都知道了，眼見不滿的情緒就要爆發——喇嘛們不能接受達賴喇嘛被禁足，無法前往參加對佛教徒而言最重要的法會。

而中國方面因擔心脆弱的中、印關係蒙上陰影，最後終於打破緘默首肯。不過為保住面子，北京特別指定班禪喇嘛隨同訪印。此外，代表團的成員包括達賴喇嘛的兩位導師，一群近侍以及他的三哥羅桑桑天、小弟天津秋結。接著達賴喇嘛不但得聆聽各種關於印度有多危險的警告，還要熟讀專門為他編寫的講稿，以免他在公開演說的場合自由發揮。到了一九五六年十一月，他們才終於從拉薩啟程。

### 翻越喜馬拉雅山

他帶著小隊隨員，坐車走上那條由春比(Chumbi)河谷到錫金的舊路，班禪喇嘛在日喀則與他們會合。護送的共軍部隊在丁明宜（Tin Ming-yi，音譯）

將軍的領導下，一路陪他們走到那突（Nathu）隘口最近邊界的小鎮才分手，臨行前丁將軍仍不忘叮囑眾人凡事審慎，並且強調自從西藏被共產黨解放後獲得多少進步云云，然後才依依不捨地把這群人放進那未知的世界裡。

一行人下車改乘馬匹後，身分立刻從旅人恢復為朝聖者。他們循著古道，翻越喜馬拉雅的高山峻嶺，朝佛教的起源聖地前進。但見隘口上矗立著一個高大的石堆(5)，上面插滿五顏六色的祈禱幡，他們便停了下來，每個人都在石堆上加一塊石頭，然後深吸一口氣，依習俗朝著眼前大自然高喊：「拉給－羅！」（Lha Gyal-lo！諸神勝利！）。他永遠忘不了那壯麗的景致，漫山遍野的杜鵑花和松樹林，生著鳥頭草、黃雞冠和鳳凰木，整座春比谷看起來就如植物學家和登山者心目中的天堂樂園。

眾人簇擁著達賴喇嘛，開始沿喜馬拉雅的南坡下山，一列歡迎的隊伍已在那裡等著他們，包括錫金大君、前印度駐拉薩領事和將為達賴喇嘛此行擔任翻譯的蘇南‧托結‧卡日（Sonam Topgyal Kazi）。他們在蒼波（Tsongpo）聰哥湖畔的小聚落休息過後，便在金色陽光中走了一上午的上坡路，然後天上飄雪，看在藏人眼裡，這是個吉兆。

## 與家人團聚

入夜後，在住宿的村子裡，達賴喇嘛碰上此行的第一個驚喜——見到大哥塔澤仁波切和二哥嘉樂頓珠。自從中共入侵後，兩位長兄就逃出西藏，抱著將祖國從巨龍口中搶救出來的希望，以各自的方式力爭外援。這是達賴五個兄弟的首度團聚，後來的幾天裡，母親和兩個姐妹也趕到，一家人一起參加佛陀誕辰紀念日的慶祝大會。

第二天，他們騎著小馬來到錫金（當時還是個獨立王國）的首都岡托（Gangtok）。當地人群早已擠得水洩不通，都爭相來看這位全喜馬拉雅地區最受崇敬的年輕法王。而在城門前，中國大使也領著吉普車隊恭候，要他們下馬改搭象徵進步和現代化的汽車。他們在錫金只停留一晚，剛好用來參加宴會和草草休息一番，然後又繼續往山下溼熱的印度平原和巴格多拉（Bagdogra）機場前進，一架專機已在等候將這些貴客載往德里。

### 抵印插曲

一路上，達賴喇嘛忍不住要做些比較來自娛。若說公路和汽車的確縮短旅行的時間，他發現同樣的里程還是騎馬比較有感覺，且能飽覽當地的原始風光。他還發現印度飛機不但比讓他開了洋葷的中國飛機舒適多了，待客的方式更是大不相同。

去年的中國之旅，帶他走進一個完全陌生的世界，然而印度給他的第一印象就是賓至如歸的感覺。那種真心誠意的氣氛讓他感到非常自在，不像中國人（還是中國共產黨？）那樣講究繁文縟節，以致連最普通的見面都教人渾身不自在，達賴喇嘛當時就已對雙方互動的品質非常敏感。

一路上發生不少插曲。例如當他坐著錫金大君座車通過岡托市區時，車頭上插的分別是西藏和錫金國旗。結果不知從何處冒出個中國人，趁著塞車，竟把西藏旗偷偷拔掉，換上紅通通的中國旗，稍後查出此人原來是中國大使館的通譯員。

飛機在新德里降落後，中國大使便插在中間，硬是要為達賴喇嘛介紹前來接機的印度政要，其中包括副總統羅達庫里夏那（Radhakrishna）和尼赫魯，以

● 1956年達賴受邀前往印度參加佛陀二千五百年誕辰紀念日。中共原不擬同意，但因印度總理尼赫魯的說項，中國為怕損中印關係，於是同意達賴喇嘛前往印度。達賴於11月25號抵達，立即去見印度總統普拉薩德。年輕的達賴很希望由這些印度長者身上學習政治智慧。此圖由 The Photographic Archive, Demton Khang Center 提供。

及各國外交使節。沒想到在介紹完英國代表後，正要輪到美國代表時，中國大使竟有如蒸發似地消失了，由一位印度外交部的高級官員上前接棒，他的嘴角邊隱約掛著一絲微笑。

## 會見印度總統與朝拜甘地火化地

剛滿二十一歲的達賴喇嘛也知道要步步為營，他有點天真地希望從一些較年長而有見識、經驗豐富，且長期為獨立運動奮鬥的政治家身上，獲得一些建議。一九五六年十一月二十五日他一到印度，就直接被帶到總理官邸會見當時的印度總統普拉薩德（Rajendra Prasad）：

> 我發現他很老，動作緩慢，聲音很溫柔，非常謙虛。在副總統羅達庫里夏那的輔佐下，我覺得他已成為印度不朽精神的象徵。(6)

第二天一早，他就前往聖雄甘地的火化地拉雅黑（Rajghat）朝聖。

> 我自問如果今天他還活著，會給我什麼寶貴的建議。我感覺到他一定會全力以赴、義無反顧地獻身給非暴力的西藏人民解放運動。想到這裡，我又更加惋惜自己沒有福氣能在他生前見他一面。……此行讓我更加確認自己一向的目標——無論遇到什麼難關，也要追隨聖雄甘地的榜樣。我的立場從未如此堅定：在任何情況下，都絕不用暴力解決。(7)

接下來的幾天，達賴喇嘛忙著主持法會，或參加一些公開的研討會和官方餐宴，和來自四面八方的學者交換意見。由此他更確信唯有透過互相尊重和真誠，才能為最棘手的問題找出解決之道，鎮壓和暴力只會讓衝突更加劇烈。

## 達賴喇嘛訪問印度

●上圖：1956年12月26日，達賴喇嘛與班禪喇嘛在印度新德里參加一項佛教對藝術、文學與哲學的貢獻研討會。圖中自左開始為錫金大君塔希南結、達賴喇嘛、印度總理尼赫魯、班禪喇嘛、緬甸總理宇努。達賴於印度期間曾試著向尼赫魯說明西藏的狀況，希望尼赫魯能支持西藏，幫助西藏向中國爭取。但是尼赫魯明白地告訴他印度不能支持西藏，並勸達賴，應該信任中共回到西藏，不要做流亡印度的打算。不過，尼赫魯承諾達賴，周恩來到印度時會與他談西藏的問題與需要。此圖由法新社提供。

●下圖：達賴訪問印度的期間，周恩來也到印度訪問。達賴被安排與周恩來見面。達賴表達了西藏人嚴重的不滿情緒，希望中共能解決，以免叛亂的情形越演越烈，周恩來還是一副「一切都在進步中」的虛套，並沒有下任何具體承諾。圖中自左起依序為班禪、達賴、中國官員、周恩來、尼赫魯。
此圖由 The Photographic Archive, Demton Khang Center 提供。

突然之間，他開始隱約感覺到，至少在中共的西藏政策未有積極改變的跡象前，他最好留在印度。這念頭雖合乎邏輯，卻大大地違背他的心意：

> 我覺得自己在西藏對人民再也沒什麼用處，甚至無法壓制住他們那些想要使用暴力的衝動。我那些尋求和平解決問題的努力，到目前為止全都慘遭失敗。但要是我留在印度，至少可讓全世界的人知道在西藏究竟發生了什麼事，並動員一種有利於我們的道義支持。[8]

## 表達留在印度的意願

達賴喇嘛首度和尼赫魯會晤時，態度就十分開誠佈公，知無不言，除了讓對方知道自己已有預感，中共政權的終極目標是在毀掉藏民族，消滅藏人的風俗和宗教，並暗示他希望能視情況暫留印度一段時間。

尼赫魯很有禮貌地聽他說完後，認為目前和中國人抗爭是無益的，不過卻強烈建議他回西藏，以和平的方式來實踐《十七條協議》，達賴喇嘛嘆說直到現在所做過的各項努力都無效。由於周恩來預定於隔日訪問新德里，尼赫魯便答應對周提起此事，並保證安排達賴見周恩來。

尼赫魯說到做到，天津嘉措於是又見到他的「老朋友」，還是那樣充滿魅力，笑容和交際手腕一點也沒變。這次，達賴喇嘛直言不諱地告訴他對中國代表的治理方式頗感憂心，不只在拉薩，尤其是西康和安多，他們的態度只有讓人愈來愈不滿，讓叛亂的怒火愈來愈高漲。周恩來則一副很親熱的樣子，回答說這些公務人員大概是犯了錯，他會跟毛主席報告。然而，他同時也避免許下任何承諾。

過了幾天，周恩來約達賴喇嘛的兩個哥哥單獨吃飯。席間的談話較諸以往——如果可相比較的話——又更加開門見山，周恩來聽了顯然相當不悅。不過，他仍然一再強調北京政府的善意，甚至還說他們大可留在印度，可自由地批評中國政府。客套之餘，周還輕描淡寫地提到已耳聞達賴喇嘛也打算延長停留印度的時間，所以不得不事先提出警告：最好勸達賴立即返回西藏，否則後果將不堪設想。

## 印度朝聖

這些話傳到達賴喇嘛耳裡，反而更激起他前往從小就十分嚮往的聖地朝聖的決心，桑奇（Sanchi）、阿姜塔（Ajanta）、瓦拉納西（Varanasi）、鹿野苑（Sarnath）和菩提迦耶（Bodhgaya）都是印度境內的佛教聖地。面對眼前教人引以為傲的佛教藝術遺產，他不禁嘆為觀止，而那些派系鬥爭、兄弟鬩牆，乃至毀佛滅佛的歷史，則每每令他扼腕。他以充滿虔敬的心情，在這些地方冥思能獲致普遍真理的個人修行之道。

到菩提迦耶時，只見來自各地的信徒不斷地湧向釋尊成佛的菩提樹腳下，一股深切的情感交流強烈地震撼著他，一切都如此熟悉，讓他打從心底覺得「彷彿回到心靈的故鄉」。至於一行

● 達賴喇嘛在印度菩提迦耶傳法。當達賴到達佛陀成道的聖地菩提迦耶時，收到張經武的電報，請他立刻回拉薩，因為「反革命份子」和裡通外國的帝國主義者正在計畫一椿暴動。於是達賴回到德里見到周恩來，周說毛告訴他西藏的改革會再延六年。尼赫魯也勸達賴相信周恩來的保證。然而他的兩位哥哥卻力勸達賴留在印度，與中國對抗。但法王卻仍堅定地相信自己必須回到人民身邊……。這樣的衝突與拉距埋下了日後流亡的種子。

人不久前才拜訪過的比哈爾（Bihar）的那爛陀（Nalanda）遺址——曾是規模宏大、佛法研究盛極一時的佛教大學，則令朝聖的年輕法王想起「無常」這放諸四海皆準的教義。

途中每停一站，就會有數以千計的藏人等著他，他會利用機會講幾章佛經，並鼓勵他們不要向障礙屈服。

在菩提迦耶短暫停留後，天津嘉措來到位於古城瓦拉納西旁的鹿野苑，佛陀於此處初轉法輪——首度傳授四聖諦教法的地方。這天，有支肅穆而內心喜悅的隊伍繞行聖地，達賴喇嘛非常激動，忍不住熱淚盈眶。

> 我為什麼會哭？因為我是個佛弟子，而這幾塊供在這裡的佛骨就是佛陀僅存的遺骸。因為我個人感受到一種責任的召喚，必須兢兢業業、毫不鬆懈地修行，才能遵照祂的指示，在真理的大道上走下去；因為人類所謂的永恆，不過只是一段時間而已……(9)

### 周恩來的警告

而這份美好的祥和也同樣未持續太久：一個新德里中國大使館派出的信差帶來張經武從拉薩發的電報。拉薩的局勢愈來愈緊張，隨時有爆發革命的可能，背後的策劃者正是「一些內神通外鬼的間諜和陰謀家」，達賴必須趕快回藏。他的一位中國隨員也傳來消息：周恩來回到印度首都，希望能和法王見面。達賴喇嘛記敘道：

> 幾天之後，我又得重回那個充滿仇恨和猜忌的政治世界……(10)

然而，他並無選擇餘地。雖然再度和周恩來於新德里的中國大使館見面，仍

然未有結果。周對他說拉薩的緊張情勢惡化，並毫不隱瞞北京準備鎮壓的企圖。達賴喇嘛重複自己的不同看法，以及西藏人民的疾苦，認為只要停止對老百姓的敲詐和凌虐，雙方仍然有取得共識的機會。周恩來則辯稱，毛主席才剛公開保證過：「絕對不會在西藏強行實施違反人民意願的民主改革。」

周又聽說有人打算請達賴趁回拉薩前到卡林邦傳法，他強調，依他之見無須繞這趟路，所以強烈建議達賴拒絕前往。他幾乎是直言不諱地請法王要提防「一些有外國思想的印度官員」和「混亂製造者」，卻又不願指名道姓或說明他們的企圖。達賴喇嘛答應會好好地考慮，現下他無話可說。

## 聽取尼赫魯的建議

由於年輕，也由於太有自覺，讓天津嘉措顯得十分孤立無援。他只能從四面八方傳來的不同意見，或從別人對他態度的反應，以及各種可能的觀點，拿捏大概的情況。他再度會見尼赫魯，而後者仍一直勸他回去，要他對周恩來的承諾有信心，只差沒拍胸脯保證周恩來絕對有誠意。

原來毛澤東已在一九五七年二月七日聲稱——就如要證明尼赫魯言之有理似的——由於西藏尚未做好改革準備，所以新的農業法應延緩實施六年，甚至十年。同時拉薩的中方代表也宣佈自治區委員會的準備工作暫停，委員會更因此大肆減編。這些動作雖然讓外國人看了很安心，但達賴喇嘛卻是半信半疑。

關於卡林邦之行，尼赫魯的看法起先似乎和周恩來相同，後又突然改變主意，說印度是個自由的國家，若達賴喇嘛想去卡林邦，新德里的政府會負責張羅一切，讓旅程舒適愉快。達賴喇嘛感謝他的好意，並在離開新德里前邀請尼赫魯到拉薩訪問，印度總理則答應明年一開春就會動身。

一九五七年二月中旬，達賴喇嘛帶著一家人坐火車前往加爾各答。幾天之後，一架飛機載他們到巴格多拉，接著一行人搭上吉普車，走完最後一段非常蜿蜒的山路才抵達卡林邦。在前不丹首相的母親哈妮‧楚妮‧朵珍（Rani Chuni Dorje）力邀下，達賴喇嘛住進不丹之家（Maison du Bhoutan），當初十三世達賴喇嘛避走印度時，也曾在這裡住過一段時間：不知是由於歷史本身也在摸索，抑或純屬預兆般的巧合？

熱鬧繁榮的小鎮卡林邦，算是喜馬拉雅山南北兩麓貿易路線沿途那些形形色色的集散地之一。每年雨季，印度平原上熱氣氤氳，上流社會人士和各種俱樂部的成員會攜家帶眷，成群結隊地到此避暑。川流不息的商販和趕騾人，交織出一片愉悅、永遠喧鬧的嘈雜聲。若是想看形形色色的冒險家和手法高超的騙徒，這裡也是個很好的觀察哨。

達賴喇嘛在那裡停留了一星期，除了說法、打坐，就是執行其宗教職責，或操煩那些他根本無力掌控的政治事務。對他回拉薩一事，周圍的人贊成和反對的聲音都愈來愈大。不過，天津嘉措也已有自己的主張：他決定採納尼赫魯的建議，再給中共一次機會。在周恩來的詮釋下，他總覺得毛澤東說過的話就是互相尊重和追求默契的保證。

## 回到人民身邊

然而，他的一些親信卻無法同意這觀點，例如兩個哥哥。塔澤仁波切親眼目睹中國侵略者在安多的胡作非爲，覺得北京的共產政權根本不能信賴；嘉樂頓珠的立場則更堅決，認爲應該使用一切方法，包括武裝鬥爭，來抵抗中國的入侵。他們兩位都主張爭取英國，尤其是美國的外援，因爲他們相信那些

支持民主和尊重民權的偉大宣言。

在中共壓力下去職的前任俗家總理魯康瓦，也偽裝成朝聖者來到卡林邦。他立刻去見達賴喇嘛，告知拉薩發生的事。他毫不猶豫地和達賴兩位兄長站在同一線，三人異口同聲地力勸天津嘉措留在印度，即便只是暫留。他們甚至想透過噶廈來下令，不准達賴喇嘛回國。

這些都無效，法王仍相信自己必須回到人民身邊，他不願辜負「西藏守護者」的頭銜。他也詢問西藏三大神巫中的兩位——涅沖寺和噶東（Gadong）寺[11]的巫師，而神諭則更加肯定他的想法：他應該回到人民之中。但他的兩個哥哥都不願跟他一起走。

不過，大自然似乎要達賴喇嘛三思而後行。當他們走到岡托時，天忽然下起大雪，阻塞了隘口，連續一個月無法通行。中共擔心他們有所不測，還特派專機來接走班禪喇嘛，以及北京的傳聲筒阿沛阿旺晉美——中共入侵時立刻見風轉舵，並與之簽下《十七條協議》的昌都前總督。達賴喇嘛於是暫居錫金大君處，藉著靜坐和開示來度過等待的時光。他後來回憶道：

> 政治讓我覺得很累。我在德里時，不但花很多時間開會，還要因此縮短朝聖的行程。讓我後來開始對那些沒完沒了的廢話感到厭煩，程度嚴重到如果我對西藏人民沒有責任的話，早就不想過問公共事務了。

達賴喇嘛的隊伍終於再度上路。他們來到中、印交界處的那突隘口，在通過之前，儘管天氣晴朗，但兩邊的氣氛都同樣凝重。大家都在問未來將會如何，但沒有人膽敢大聲地把這個疑慮講出來。

第 9 章
# 反抗與流亡

一九五九年，中共進入西藏已近十個年頭，隨著中共「改革」的腳步，西藏的情況並沒有改善，反而更形惡化。民間藏人的怨怒情緒已升高到白熱程度。夾在藏人與漢人之間的達賴喇嘛，面對即將失控的衝突，可能出現的更多流血犧牲，終於放棄調解這不可能的形勢對立，選擇了流亡，從另一條路上繼續為藏人的福祉努力。只是更多的流血衝突仍繼續在西藏上演，動盪了近半個世紀。

**越**過中、印邊界的那突險口後，達賴喇嘛一行人慢慢地向拉薩走去，一路上在錯模（當年中國入侵時，少年的他就曾隨著攝政王，在嚴密的保護下來此避難）、江孜和日喀則稍做停留。

每到一處，他都會試著安撫焦慮的民心，然而傳來的都是壞消息，讓他不禁懷疑回國的決定是否明智。他獨排眾議，就是希望作出正確的抉擇，只不過他仍無法看清政客的口是心非，也不知一心想帶領西藏走入的世界，究竟追求的是什麼利益。

### 反抗軍揭竿而起

儘管心中有疑，但達賴喇嘛仍以非比尋常的堅定，再三重複當初從中國回來後就一直強調的話：「中國人不是我們的君主，我們也不是他們的臣民。」何況這說法不久前才剛在印度獲得中方的肯定和承諾。他依尼赫魯的建議，約束自己嚴格遵守《十七條協議》，並有機會就循循善誘地宣導他的非暴力立場。在中國方面的堅持下，他甚至同意派人到安多，勸導反華的游擊隊放下武器，因為他最希望的就是先停止暴力相向的惡性循環。

然而，藏人的敵意已在心中生根。共軍的佔領手法，在任何一座佛教或非佛教的地獄中，恐怕都還找不到如此凶殘的酷刑[1]。縱令如此，達賴喇嘛仍相信透過自治，能讓藏人和藏文明受到嚴格的保護。

中國駐拉薩代表繼續執行來自北京的指示，而毛澤東關於延緩改革的談話傳入西藏後，曾稍有和緩的跡象。結果停火協議才成立，情勢又再度告急，藏東的反抗軍已公然揭竿而起。

## 雙方力量過於懸殊

達賴喇嘛剛回拉薩時，發現城裡雖未有太大改變，但多出了許多難民。他們想尋求政府的保護，只不過這希望很快就化為泡影。一小群已將死生置於度外的反抗軍領袖，帶著男男女女和入侵者作戰，偶爾還能讓共軍損失慘重。

外援不但少之又少，地方派系分裂更是反抗運動底下的一顆地雷，而那些漢人則很懂得利用這些衝突來謀利。不過，他們也不得不承認這些反抗行動確實製造了一些問題，並要求西藏領導階層出面解決。但他們又不肯妥協讓步，絲毫不在乎是否遵守《十七條協議》中的承諾。

由於雙方力量過於懸殊，藏方幾乎沒有轉圜的餘地。依照常理，西藏的政權應該由噶廈和達賴喇嘛共同執行，但實際上他們卻被進駐的共軍處處掣肘，而真正下決策的是位於三千多公里之外的北京。

天津嘉措面臨一個無法妥協的兩難困境。一方面，他完全明白反抗軍想要保鄉衛國、效忠法王的至情，換言之，他們隨時願意為了所認同的象徵和價值慷慨赴義。他的內心深知，在這世上誰也阻止不了這種犧牲之舉，甚至連他也無法置喙。

另一方面，他也很清楚這場仗肯定是徒勞無功：雙方兵力過於懸殊，何況共軍的裝備精良——縱使和第二次世界大戰時發展出來的殺人武器相較，顯然跟不上潮流。對一個才二十出頭的國家元首而言，即使是達賴喇嘛，如此的責任太過沉重，這個難題也未免太難決斷。

所以，天津嘉措一頭鑽進最熟悉的書堆裡尋找安慰，它們是幫助和支撐的力

量。直覺告訴他時間有限，於是他自訂最後宗教考試的日期，通過了才能獲得精神領域上的至高權威。他預計大約需要一年半的準備時間，便能在一九五九年春天的新年法會過後，接受西藏三大寺眾長老和同儕的考驗。

### 兩邊做人的難過時光

那段日子眞是達賴喇嘛一生最難過的時光之一，因爲被迫必須兩邊做人，壓力極大。而那些中國使節的倨傲態度，更證明他們對西藏、達賴喇嘛，甚至國際社會，都是表裡不一。

他完全知道那些與他直接對話的人都在說謊，他們的爪牙讓西藏人民遭受空前的苦難，違令者都大難臨頭。那些中國將軍看似願意改變，但實際上在晉見達賴喇嘛時，都不再卸除武裝[2]。

漸漸地，天津嘉措不得不承認長此以往，西藏總有一天會淪爲中國的附庸，他愈想就愈覺得無能爲力。好幾次都想掛冠求去，不過皆因擔心如此一來，只會讓中國的鎭壓行動加劇而打消主意。

### 國際社會對西藏不聞不問

他仍指望尼赫魯承諾過的西藏之行，即使只讓侵略者稍見收斂也好，但等到最後，印度總理還是取消來訪——由於當地發生暴動的次數愈來愈頻繁，北京政府爲確保客人的平安，故而取消邀請。

達賴喇嘛因此更顯形隻影單，矗立在他面前的似乎是個無法可擋的敵人。除了一些極罕見的情況外，國際社會對西藏問題的態度竟然是不聞不問，這個在想像中猶如神話的國度和人民，其命運竟引不起世上任何媒體或政府的興

（下接第210頁）

## 西藏反抗軍

● 上圖：反抗軍「曲西崗珠」聯盟與他們的旗幟。共軍入藏後，推行「社會主義改造」與「農業合作化」運動，西藏舊有的文化制度受到顛覆，寺廟與喇嘛被批鬥，於是藏民以護教為名進行反抗。雖然達賴一向不認同暴力，但仍然被反抗軍視為最高的精神象徵。

● 右圖：游擊隊領袖貢布札西。中共雖然在西藏自治區內暫不實施改革，但自治區外的藏人地區如康區、安多、昌都等都隨著中國內地同時進行改革，引起藏人強烈的不滿。五八年的大躍進，更導致嚴重的饑荒。雙方的衝突越來越激烈，游擊隊人數大增，戰火從康區到安多。

●本頁上圖：反抗軍攝於澤當。澤當與乃東距離拉薩只有兩天的距離，因此，當反抗軍在澤當的捷報傳出後，譚冠三求達賴喇嘛派西藏部隊去對付反抗軍，但達賴喇嘛反對，他的說法是藏軍會因此投向反抗軍。在雙方的衝突中，達賴喇嘛的處境往往是兩難，一方面它完全了解藏人為保護家鄉與法王的至情，另一方面也明白這場抗爭的徒勞無功。

●本頁下圖：西藏反抗軍試射擄自共軍的戰利品。反抗軍的武器主要來自一次偷襲扎什倫布彈藥庫，以及美國空投的老舊英制步槍、台灣的炸藥，與中共相較雙方武力懸殊。

● 右頁圖：西藏反抗軍作戰唯能依憑出其不意、攻其不備與速戰速決的騎兵游擊戰，共軍雖然步兵精良，但是在沒有公路的高原，作戰能力大減。

趣。那沉默是如此地震耳欲聾，彷彿與侵略者早已聲息相聞。

絡繹不絕的解放部隊，整師整團地開進藏東，因為那裡的反抗勢力最令中國軍隊頭痛。有人估計當年入藏的共軍高達十五萬人，可謂前所未見。遙想過去，這片高高在上的草原，還是個讓眾鄰邦聞風喪膽的強國呢！但事到如今，也只能任人宰割。那些昂首奔馳在浩瀚天地間的騎士，再如何神勇，也無法攔阻愈來愈推進的無情人潮。

## 堅守傳統的日常儀軌

達賴喇嘛加倍用功更勝於以往，如今他活在一個分成兩半的世界裡，而諾布林卡成了避難所兼防護罩。他雖年輕，但並非天真得可以任人擺佈，即使他仍堅持遵守傳統的日常儀軌。

現在他幾乎全年都住在夏宮裡，約清晨五點的黎明時分即起，接著讀書、打坐。然後花好幾個小時，和親教師或導師進行不間斷的經文辯論，偶爾才會主持一些傳統上必得由他出面的開示、獻祭或法會。

成千上萬盞的長明油燈，猶如一排排搖曳生姿的舞者，在宮中數不盡的佛龕前不停舞動，這景象讓他打從心裡覺得彷彿是種嘲諷，無傷大雅地一再提醒人們這世界的無常虛幻。

從助手和僕役口中，達賴喇嘛得知拉薩和西藏正在承受巨變，發生戰鬥的頻率增高，影響的範圍也愈來愈大。而他從那些中國訪客臉上隱藏不住的怒氣，也看出態勢已進展到什麼地步。

## 將敵人視為上師

到了秋天，「曲西崗珠」聯盟又照例攻擊中共駐紮在澤當（Tsethang）的一處要塞。由於澤當是西藏的第三大城，距離拉薩只有不到兩天的路程，所以中共一度緊張，西藏軍區政委譚冠三將軍要求達賴喇嘛派藏軍前去平亂。

他強烈指責達賴的兩位兄長和「一幫反動派」，認為就是他們在外國搧風點火，甚至提供武器給叛軍。更可笑的是，他還堅持要取消這些陰謀造反者的西藏國籍，達賴喇嘛聽了聳聳肩不表示反對，因為他很確定這些滯留國外的親人和效忠者，安全無虞。

不過，在不得不答應取消對尼赫魯的邀請後，達賴喇嘛發現自己在面對這個他終於接受了的敵人時，更加孤立無援。然而，他仍努力地遵行佛陀的教誨，將敵人視為自己的上師，因為敵人提供機會，讓他得以學習和養成一種基本德行──耐性。只是不久後他也了解到，耐性的代價原來如此之高。在此之前，他按照原定計畫要先通過博士考試。

## 參加格西考試

第一場考試在哲蚌寺舉行，一連好幾天，他必須在好幾千個喇嘛面前和一群大學者激辯，結果他表現得非常好。在回諾布林卡前，還遵照傳統登上哲蚌寺後最高峰，俯瞰四周美景，以及那座圍滿鐵刺網、常駐於寺前的軍營。

拉薩城裡的難民已人滿為患，緊張態勢攀升。當達賴喇嘛要動身前往甘丹寺繼續進行博士預考時，大家都勸他利用這機會揭穿《十七條協議》的真相，甚至趁此避居到安全的地方。

## 參加「格西」學位考試

●1959年2月21日，中共與西藏
的關係已緊繃到隨時會爆炸的邊
緣，達賴喇嘛加緊腳步完成了他
的宗教學習，在大祈願節上，進
行了「格西」資格的考試，獲得了
「拉讓巴格西」（最高的格西學
位）。考試在大昭寺前舉行，達
賴喇嘛在來自西藏三大寺的數千
名僧侶面前進行辯經。早上是因
明與認識論，下午是中觀與般
若，傍晚則是五大部。考試結束
後，達賴喇嘛本應參加張經武之
邀觀賞舞蹈表演，但是信眾卻認
為這是陷阱，於是包圍諾布林
卡，阻止達賴赴約。

不過，天津嘉措認爲如此一來，很可能會被中共詮釋爲公開翻臉，讓對方有採取鎮壓手段的藉口。於是眾人就在一種等著最輕微爆炸聲到來的忐忑不安中，過了那年冬季。惡劣的天候雖讓衝突發生的次數遞減，但民怨覆蓋的範圍卻愈來愈廣大。

眼見新年即將來臨，達賴喇嘛更加倍地用功。大祈禱節的法會一過，他就得去參加最後的幾場資格考試。在照例搬到大昭寺前，張經武也和往常一樣來拜年。張將軍說有個中國舞蹈團來拉薩，問他是否有興趣觀賞，接著又表示由於表演需要合適的舞台設施，所以只有在共軍司令部舉行才能達到最好的效果。達賴喇嘛不疑有詐，基本上同意前往，不過仍聲明要等新年法會和資格考過後，再請張和負責行程安排的助理敲定細節。

那年的羅薩節和大祈願節不但盛況空前，還有種熱烈的氣氛。成千上萬的朝聖者和難民湧進大昭寺的廣場，在有如潮水般的絳紅色僧袍中形成一些花花綠綠的色塊，大街小巷無處不擠滿信徒。人人都在等著他們的青年法王完成宗教義務，以便完全挑起世俗責任，成爲眾生真正救苦救難的保護者。

然而，如今尚有其他的影響力足以左右西藏的前途。達賴喇嘛每天在反省時，偶爾會察覺一縷奇異的光芒，那是來自一則古老預言的迴聲，蓮花生大士（Padmasambhava）在第八世紀時所說的：

鐵鳥飛翔之日，
奔馬馳於輪上時，
蕃[3]國之民將如螞蟻般散居世界各處，
佛法也會登上紅人的大陸。

目前，達賴喇嘛放在最後資格考的心思遠勝於中國舞蹈，他全心全意地投入這項首要之務，辯才無礙地和當時最優秀的經師論戰，身手敏捷地閃過那些言語的陷阱，任那些大學者再如何鼎鼎有名，也絲毫佔不到上風。

他以堅定又從容的態度，證明自己絕對配得上「格西」（佛學博士）的頭銜，終於讓眾考官深深地向這片名副其實的「智慧之海」鞠躬致敬，一致同意頒給他博士學位。

不過大小事件也從此更加迅速地接踵而至，刻不容緩。

三月五日，達賴喇嘛正準備回諾布林卡。只見從大昭寺到夏宮之間整整六公里的路，蜿蜒著一支光彩奪目、千輝閃動，陣容空前浩大的隊伍。每個人都穿上最好的衣服，不論市井小民、游牧人、地方角頭或官差衙役，拉薩城裡所有在地或外來的人全都出來夾道圍觀，一旁站崗戒備的則是藏籍的警衛和士兵。

## 受邀觀賞中國舞蹈團的表演

至於共軍的兵營和彈藥庫裡，則很奇怪地不見半個人影，因為通常若舉行法會，無論大小，北京來的官員和將領都一定會現身，即使只為了讓人知道他們的存在。所以，不論西藏官員或普通老百姓，都無法解釋為何他們會突然銷聲匿跡。

過了兩天，達賴喇嘛重新搬進諾布林卡的院落裡，又過起非常規律的生活，為了自己和西藏人民，一心期盼太平的日子來臨。結果來了一封信，問他何時要去看中國舞蹈團的表演，達賴於是決定三天後的三月十號。

不料到了出門前一天，一個下級差官到達賴侍衛總管家中，請他到中國司令部討論準備事宜。此舉已完全不符常規，而且還有個自稱軍事顧問的傅將軍，對他說中共當局希望此事絕對保密，所以不用法王的衛隊隨行，只需要兩、三個無武裝的侍衛陪伴。

這個要求實在太奇怪，引起達賴喇嘛身邊一班親信的不安，但大家商量後，認為最好還是同意中方的要求，以免火上澆油。而共軍也已大方地表示，第二天司令部附近的石橋一帶將實施交通管制。

三月十號一早，達賴喇嘛靜靜地起床，照常每天例行的念經、打坐。然後到花園散步，徜徉在似錦的春花綠意中。沒多久，撩撥彩色祈禱幡的微風，便將一陣陣難以分辨的雜沓聲吹進他耳中。細細的呢喃，由遠而近，漸次膨脹，直到突然撞碎在「珠寶林苑」外圍牆上，化成一地的嘶喊。

### 藏人決意保護達賴喇嘛

幾個僕人跑來告訴他秘密已經走漏，藏人決意保護達賴喇嘛，已將諾布林卡團團圍住不讓他出門。他們認為中共堅持要「因簡就便」，在沒有武裝侍衛保護下接待達賴喇嘛，居心叵測，況且他們曉得北京正在籌備全國代表大會，天津嘉措也接到邀請，只不過尚未肯定赴會。

他們尤其知道在佔領區內，一些不聽令於中共的高級喇嘛，曾被以不同的藉口請進共軍營區，然後就再也沒有出來。許多人因此都懷疑這表演背後隱藏著不良企圖，無論如何也要阻止達賴喇嘛前往。

就在發燒的議論、來來去去人影，以及在西藏官員和群眾臨時代表之間的討

價還價聲中，天色逐漸明朗，人群中底翻騰著的反華口號，也愈來愈字句分明，聲浪愈來愈高。近午時分，一個常和中國人接觸的僧官想進入諾布林卡，結果被示威民眾認出，當場命喪於亂石之下。

情勢愈來愈緊張，爲了安撫群眾的情緒，達賴喇嘛只好通知張經武暫時不便應邀前往，請他改期再約。這個決定一經擴音器傳出後，群眾一陣歡呼，但仍未解除他們的心防。示威者的訴求很簡單：要達賴喇嘛保證不再前往共軍司令部。

中午達賴喇嘛派了三位部長向中共的負責人解釋，不料部長座車竟被群眾攔截搜查，以確保天津嘉措不在車中。此外，群眾爲防範任何綁架的意圖，還成立巡邏小組。至於共軍司令部也在一團火爆的氛圍裡，聽不進任何解釋，共軍將領們掩不住心中怒氣，開始破口大罵。西藏代表將對方的威脅全當了眞，不知所措地回到諾布林卡向達賴喇嘛和盤托出。

事到如今，每個人都知道嚴重性，但不知如何是好。夏宮牆外，群眾仍怒氣衝天；拉薩城裡，也出現一些反漢人的集會。到了晚上，達賴喇嘛的親衛隊更宣稱不再聽令於中共，且對達賴要求他們莫火上澆油的勸告也充耳不聞。

那天夜裡，譚冠三將軍捎來一封信，用很客氣的口吻表示擔心達賴喇嘛的安全，並請他移駕到司令部，免得受暴民之害。達賴喇嘛回信感謝將軍對他的關切，只不過覺得無須如此提防自己的百姓。接下來幾天，他們一共通了三封信，結果雙方都仍堅持各自的立場。

得難民之助，拉薩人更加緊巡邏夏宮一帶，宛如在達賴喇嘛四周形成一道防護牆。三月十二日，輪到西藏婦女表達心聲，共有數百名婦女群聚在布達拉

## 達賴喇嘛出走西藏時間表

### 1958 年下半年

- 中共在西藏自治區外進行的改革引發藏人強烈反彈，加上「大躍進」導致的饑荒，大批難民自安多與康區湧進拉薩。同時，反抗軍與中共的衝突戰火已延燒到離拉薩僅二天行程的澤當。有人勸達賴喇嘛前往南方「佛法悍衛人士」的佔領區重申西藏政權，但達賴喇嘛認為會引發中共的全面攻擊而婉拒。另一方面，譚冠三將軍要求達賴派西藏軍前往澤當抵抗曲西崗珠的攻擊，為達賴所拒，引起中共極度不滿。拉薩街頭人心惶惶，充滿山雨欲來的氛圍。眼看一場浩劫將無法避免，達賴喇嘛更積極於佛法學習，預定在年後參加格西學位考試。

### 1958　1959

### 3 月初

- 西藏新年，達賴喇嘛住到大昭寺準備參加年後默朗木大祈願節慶典，接著是格西資格最後一場考試。
- 啓程前張經武前來拜年，順便邀約達賴到共軍營區欣賞舞蹈表演。
- 大祈願節主要儀式結束後，張經武派人再次邀請達賴前往觀看舞蹈團表演。達賴喇嘛回覆，因考試在即，暫時沒空，需等考試結束。
- 考試通過，取得格西學位。

### 3 月 5 日

- 達賴喇嘛由大昭寺回諾布林卡。四英哩的路上，百姓夾道圍觀卻看不見中共人員，這是中共入藏以來第一次消失，氣氛異常。

### 3 月 7 日

- 中方再次派人與達賴喇嘛確定去看表演的時間，達賴允諾十號前往觀賞。

### 3 月 9 日

- 中共軍事人員交待達賴喇嘛的侍衛總管，第二天十號的舞蹈觀賞，要取消一切訪問儀式，不要帶任何藏人士兵，只要兩、三名侍衛隨行，並強調此行需絕對保密。達賴同意這一切安排要求，因為拒絕前往會引起重大裂痕與不良後果，但消息卻被關心達賴安危的百姓獲知。

### 3 月 10 日

- 原定看表演的日子。得知消息的拉薩民眾由拉薩湧出到諾布林卡保護達賴不讓他赴宴，並表達要求中共將西藏交還西藏人。至中午，諾布林卡已聚集三千多人。
- 達賴以電話向張經武致歉，表示無法前往觀賞表演，並告知將盡快說服群眾離去。
- 群眾要求達賴喇嘛保證當晚不去赴宴，以後也不可以走入共軍營區。部分群眾領袖雖退回城內，但諾布林卡外仍有許多人留下。
- 中共發出最後通牒，將使用激烈手段驅離民眾。
- 人民領袖與達賴喇嘛若干私人侍衛，與七名下級拉薩政府官員聯署一份駁斥《十七條協議》的宣言，並聲稱西藏不再承認中共的統治。
- 譚冠三來信邀請達賴喇嘛，為安全起見遷至司令部，達賴喇嘛為爭取時間虛以委蛇。

### 3 月 11 日

- 群眾領袖宣佈要派兵在諾布林卡的內閣辦公室站崗，不許任何行政官員離去，以免政府被迫與中共妥協。
- 達賴喇嘛出面向群眾解釋中共武力驅散的危險，於是民眾同意退至雪村，但諾布林卡仍留下大批民眾。

**3 月 12 日到 15 日之間**

- 12 日，拉薩婦女齊聚雪村示威。
- 譚冠三來信，一封給達賴喇嘛，勸他移往司令部；一封給噶廈官員，命令他們拆除拉薩城外通往內地的公路路障，遭到斷然拒絕。
- 達賴知道此事後，便親自與群眾領袖見面，向他們解釋若不解散，則將面臨武力驅散。
- 達賴兩次請示神諭是否該離去，神諭均答以該繼續留下與中共對話。占卜「謨」也得到一樣的回答。
- 中共增兵，群眾更激動。

**3 月 17 日**

- 早上，徬徨中再度請示涅沖，涅沖答以：「快走！快走！今晚！」同時繪出逃亡路線。達賴喇嘛又占卜一次「謨」，得到同樣的答覆。
- 下午，達賴喇嘛召見群眾領袖，告知將離去，請他們秘密合作。
- 晚上十點左右，達賴喇嘛向大黑天辭行，然後換上長褲大衣，扛著一把槍裝成去結堪布的隨從離開諾布林卡，踏上流亡之途。

**3 月下旬**

- 離開拉薩一個星期左右，達賴喇嘛在隆次宗駁斥《十七條協議》，並宣佈恢復西藏的政府。

**4 月 10 日左右**

- 達賴抵達印度旁地拉，發表「達賴喇嘛聲明」。

**4 月 24 日**

- 與尼赫魯在莫梭瑞見面，尼赫魯正式告訴達賴：印度不承認達賴政府。

**3 月 16 日**

- 譚冠三第三次來信，要求達賴喇嘛移往司令部。隨信另附阿沛阿旺晉美信函，他告知達賴，中共計畫炮轟諾布林卡，要達賴標出自己所在位置，以免遭波及。達賴回信仍表示可以前往避難，但是藉口很難脫身離去，並未告知自己的位置。

**3 月 20 日**

- 中共開始武裝驅離，炮轟諾布林卡。

**3 月 28 日**

- 中共國務院宣佈解散拉薩政權，由西藏自治區籌委會行使西藏地方政府職權。

**4 月 18 日**

- 到達腳山，達賴對媒體發表印度政府對自己的安排，中午到德普，啟程前往莫梭瑞。

● 1959年3月12日拉薩婦女齊集布達拉宮山腳下的雪村示威。「雪」在藏語中的意義是「下」的意思。早年要進入布達拉宮要通過東、南、西三面圍牆，雪村就是在圍牆內的聚落，居民以噶廈的政要，以及各種為布達拉宮與噶廈服勞役的百姓為主。

宮腳下的雪村裡，拿著鍋碗瓢盆又敲又打。這天後來也成為藏人津津樂道的紀念日。

如此看來，不論天津嘉措有多大的善意，雙方早晚會發生衝突。中共已發出通牒，要求民眾拆掉設置在拉薩入口處的路障，整個情況陷入膠著，一切動彈不得。大家只能前途茫茫地等著，因為接著什麼事都有可能發生。

## 留下來與中國人繼續談判？

此時，念念不忘尋找真知灼見的達賴喇嘛，已好幾次請示過涅沖寺的神巫，得到的答案總是一成不變：留下來與中國人繼續談判。弄得他不知如何是好，還自行用「謨」（Mo）──一種私人問卜的方法──做確認，結果和涅沖寺的神諭一樣。

他突然懷疑起這些傳統的力量，即使立刻又恢復信心，但他已無法忘卻那天前任俗家總理的回話：「神明在走投無路時，也會撒謊……」，天津嘉措深知凡事皆有因有果，而他只能盡量讓破壞不致擴大而已。

三月十六日清晨，譚冠三寫了第三封信給他，把話講得一清二楚，信中還附上阿沛阿旺晉美的字條，要達賴喇嘛指明他究竟住在那一棟屋子裡，「好採取一切措施，以免誤中」。看來中共不久將發動攻擊，突襲諾布林卡，完全不考慮四周聚集的群眾。由於內閣也收到一封內容相同的信，眾人才恍然大悟，原來共軍數天來毫無動靜，就是為了準備攻擊和加強城裡的安全措施。

然而，藏人卻持續不斷地聚集在夏宮四周，一步也不肯稍離。達賴又做了最後一次努力，希望能說服中共領導人不要用武力對付一群手無寸鐵的老百姓。各大寺院皆紛紛派出打聽消息的探子，寺院裡普遍瀰漫著一股不耐久候的氣氛和竊竊私語。

## 「走！快走！就在今晚！」

那天下午，當諾布林卡的眾人正自問對方只傳回一張收信收據是何用意時，兩顆砲彈掉進夏宮北門外的池塘裡。場面頓時陷入一片混亂，諾布林卡外的

● 大黑天是西藏最為人所知的保護神，是藏傳佛教八大護法之一，藏密認為他是大日如來降伏惡魔時所現的忿怒相。圖中為六臂黑膚大黑天。達賴出亡前，按照出遠門規矩向大黑天辭行，祈求平安；同時打開經本，坐下來閱讀，直讀到一段佛陀要求弟子們要有勇氣和毅力的章節為止。此圖為李振福先生提供。

民眾群情激憤，只恨自己無力抵抗。在逐漸昏暗的天色中，達賴喇嘛再次向涅沖神諭求救。

他萬萬想不到，神這次的旨意竟是：「走！快走！就在今晚！」只見那降乩的神巫（其實是個很害羞的青年僧人），拿起筆詳細地在紙上畫下達賴喇嘛出走的路線，告訴他如何往印度方向逃往外國。

從那一刻起，大家再也沒有絲毫猶豫，立刻準備動身。他們要動作迅速，因為在天亮前諾布林卡的人都得撤走，達賴喇嘛及其家人必須已到達安全地帶。達賴的行李中只有幾件換洗衣服、必備文件和國璽，與他同行的還有一些政府要員、兩位導師和幾個貼身僕人。

● 左頁圖：涅沖為拉薩哲蚌寺護法神，專司降神問卜的僧人。達賴喇嘛（左背影）1956 年在哲蚌寺法會上聽涅沖（帶帽者）降神諭。1959 年 3 月情勢緊張，達賴曾多次問卜，但都被指示留在西藏，直到 3 月 17 日，神諭竟緊急指示出走，並畫出出亡路線圖，於是達賴喇嘛毫不遲疑地離開西藏。

示威群眾的幾個領導人也接到密報，答應絕不走漏消息，為了護送達賴喇嘛一行人，一支陣容堅強的保鑣也已蓄勢待發。一切都在迅速的動作下備妥，而且鉅細靡遺。達賴喇嘛又寫了一封手札給願意為他赴湯蹈火的民眾，請求他們未經挑釁絕不開火，開火但為自保。

然後他按照出遠門前必向大黑天辭行的傳統，走進供奉這位強大保護神兼時間主宰的佛堂裡。一些喇嘛正在誦經，沒有人說話。他默禱了一會兒，在神像前獻上哈達，這除了希望神明保佑他們一路順風之外，也承諾有天一定回來[4]。他走到一本打開的經典前，坐下來讀了幾頁，讀到一段佛陀要求弟子們要有勇氣和毅力的章節為止。

離開那光線幽微的房間後，他回到自己的臥室，褪下僧袍，換上一件軍服。他熄滅燈火，唸了幾句佛號，右肩扛起一支槍，左肩掛著一卷第二世達賴遺留的古唐卡，摘下眼鏡放進口袋裡，下樓往門邊走去。

在門外台階上，達賴喇嘛駐足片刻，想像到印度後又返回西藏的情景。他繼續步下台階，兩個士兵陪著他到圍牆門邊，侍衛總管正等在那裡接應。四周一片寂靜，沒有任何聲響，聽不到一句耳語，所有的人都靜默無聲。

● 右頁圖：達賴喇嘛悄悄離開拉薩，將歷代達賴喇嘛的寶座留在身後，迎接他的是堅困的未來，但是正如涅沖神諭的預言：「摩尼寶光將照耀西方……」，達賴喇嘛因此將佛教的影響散播到全世界。

「摩尼寶光將照耀西方……」，威風凜凜的涅沖神巫，曾說過如此令人不解的話。那是一九五九年三月十七日的凌晨，達賴世系的第十四代——一個在此次轉世裡尚未滿二十四歲的年輕人，承載祖先的智慧，肩扛人民的希望，走出他那座受戰火威脅的夏日宮殿，靜悄悄地離去。

將踏入這個世界的他，也許那時還沒想到有一天這個世界也會湧向他。

### 第一章

(1) 達旺是西藏南部門隅地區的首府，藏南往印度的通道，十三世紀正式歸入中國版圖，十四至十五世紀時，格魯派將此作為世襲領地。十七世紀，第五世達賴擴建達旺寺，開始政教合一的長期統治。一九六三年起，此地區由印度控管。

(2) 倉央嘉措（1683-1706）在被認證為第六世達賴喇嘛後，由於攝政第巴桑結嘉措與蒙古王拉藏汗鬥爭已白熱化，第巴不讓他介入，使其有名無實。他於是穿行於茶坊酒肆，近女色、吟情詩，拉藏汗借機向康熙皇帝奏請「廢立」，從此開始流浪生活。倉央加措敢於突破教規，以情歌大膽地傾訴孤寂、熱戀與渴望，有《倉央嘉措情歌集》傳世。

(3) 「康巴」在藏語中乃「康人」之義。在藏族傳統中將藏區分為衛藏、安多、康三大區域，主要分布在現在的西藏、青海、四川、雲南境內。「四水六崗」武裝反抗運動主要產生於康區，達賴喇嘛在逃亡印度途中，首次與「四水六崗」接觸。

(4) 卡波山隘是西藏通往印度邊界的最後一座隘口。

(5) 芒茫是位於中、印邊界的小村，是西藏的前哨站。

### 第二章

(1) 塔爾寺：即古本寺，意為十萬獅子吼佛像的彌勒寺，位於青藏高原東部湟水河畔的蓮花山中，是宗喀巴誕生地，也是中國著名的六大喇嘛寺之一（其餘為西藏的色拉寺、哲蚌寺、扎什倫布寺、甘丹寺和甘肅的拉卜楞寺）。

(2) 與本書作者的私下對談。

(3) 「拉木頓珠」字面的意思是「期盼充滿神性」。

(4) Thubten Jigme Norbu, Colin N. Turnbull, *Tibet, mon pays* (Stock, Paris, 1969)

(5) 色拉寺座落於拉薩北郊山下，是藏傳佛教格魯派三大寺之一，建於明永樂十七年（1419）。藏語為「野玫園寺」，僧人最多時有五千五百多人。當時結昌仁波切即駐錫於此。

(6) 「祖古」意為轉世的大師。

(7)　札嘛嚕鼓是一種手搖鼓，是密宗法事中常用的法器。

(8)　摩訶迦羅又稱為大黑天，是觀世音菩薩的忿怒化身。

(9)　格魯派（黃教）是現今西藏最大的教派，「格魯」藏語意指「善道」，由宗喀巴大師所創。此派主張僧眾嚴持教規，崇尚苦行，禁止娶妻，並以黃色僧帽為其象徵，所以又稱「黃教」。宗喀巴的弟子根敦珠巴（1391-1474）捨報後，被追封為第一世達賴喇嘛。

(10)　駝帳是一種用騾子背負的轎乘。

(11)　Filippo de Filippi, ed., *An Account of Tibet, the Travels of Ippolito Desideri of Pistoia*, (London: Routledge & Sons Ltd., 1937); reprinted Delhi, 1995.

(12)　哈達是用白絲製成的圍巾，用來表示歡迎、忠誠和慶賀之意。

(13)　黎吉生曾任英國駐拉薩代表，著有《噶瑪派史料》（1958）、《西藏文化史》（1968合著）。

(14)　涅沖寺，全稱為「涅沖多杰扎安林寺」，十七世紀時由五世達賴建立。寺中供奉的主神佩阿甲布是西藏政治和宗教生活中最高決策的參與者，祂以降神占卜的方式傳達神的旨意，預示達賴或班禪的轉世，同時也承擔來自宗教和政治方面的占卜任務，幾百年來對西藏的政治影響重大。

## 第三章

(1)　Claude B. Levenson, *Le Seigneur du Lotus blanc* (Paris, Livre de Poche, 1989).

(2)　同註(1)。

(3)　「噶瑪巴」即噶瑪噶舉派，藏傳佛教四大派之一，由第一世噶瑪巴杜松潛巴（Dusum Khyenpa, 1110-1193）所創立。杜松潛巴圓寂前，曾預言將轉世再來成為第二世噶瑪巴──噶瑪巴希（Karma Pakshi, 1206-1283），由此開始了西藏的喇嘛轉世傳承世系，而噶瑪巴希則成為西藏第一位轉世的喇嘛。

(4)　「偉大的五世」是藏人對第五世達賴喇嘛的尊稱。從十七世紀中葉起，第五世達賴喇嘛獲得了世俗和宗教兩方面的權力，並在拉薩修建布達拉宮。藏傳佛教在他的領導

下傳播到中國、蒙古以及更遠的地區。

(5) 據聞在賀蘭山南寺菩提塔基內，發現大量佛像、佛塔等珍貴文物，也有六世達賴喇嘛生前的物品，他三十多歲到南寺，前後在此近三十年，於一七四六年圓寂。據說圓寂時正值盛夏，但法體卻未腐爛，弟子將其肉身供奉在靈塔內，歷經兩百多年完好無損。

(6) 「噶廈」是西藏政府的部長會議，類似內閣。成員有四位，清氏三名為俗家，一名為僧官。

(7) 吉祥天母是藏傳佛教的護法神。傳說原是古印度婆羅門教濕婆神的女兒，有次當釋迦牟尼入定時，許多外道來擾，佛陀作法，降服群魔，吉祥天母即為其中之一，後誓守護佛陀法教，而成為藏密具忿怒身的女護法神。

(8) 卡爾梅克人是住在蘇聯卡爾梅克自治共和國的蒙古民族，都是喇嘛教徒，但他們的佛教是土著信仰和薩滿教的結合物。

(9) 布里亞德共和國位在東西伯利亞的南部，俄羅斯人佔70%，布里亞德人佔24%。本地區之原住民為蒙古人，屬游牧民族，傳統信仰格魯派。

(10) 俄國派多吉耶夫潛入拉薩，由於他精通藏語與佛學，而成為第十三世達賴的侍讀經師，他利用格魯派經典中關於北方將出現佛法大王的說法，經常向達賴灌輸沙皇就是佛法大王，只有俄國能幫助西藏對抗英國侵略的思想。達賴於是分別在一九○○年和一九○一年兩次派他以「西藏特使」之名率代表團訪俄，得到沙皇尼古拉二世的接見。

(11) 即西藏近代史上抗擊外國侵略者規模最大、最為慘烈悲壯的江孜保衛戰。十三世達賴和西藏地方政府多次上報北京，請求派兵支援，然而當時清朝畏於英、德、日、俄等列強，光緒皇帝主張議和，結果議和不成，侵略者長驅直入西藏腹地，江孜城淪陷。

(12) 柔克義（1854-1914）在一八八八至一八九二年間赴西藏探險，一九○五年又出任美國駐華大使。在華十五年間不斷研習漢、藏文，並致力於藏文佛典的翻譯工作，如《法集頌》、《佛經》、《比丘尼戒本》等，為學術界獲取藏傳佛教方面的資料

提供了很大的便利。

(13) 西藏依照各地方言的不同，全境共分為衛藏、安多和康三個不同的區域。安多主要是在西藏的北部，康區則在西藏的東南半部。

(14) 清朝末期，四川總督趙爾豐在川、藏邊界的西康地區推行「改土歸流」，將「政教合一」的喇嘛政權，改造成由中央政府統轄的政權。一九○九年趙爾豐出任駐藏大臣，川軍抵拉薩，在民眾正舉行宗教大會時開槍，造成西藏僧民傷亡。

(15) 一九一一年十二月二十八日，蒙古人民宣告獨立。一九一二年十二月二十九日，藏、蒙雙方在庫倫簽訂「庫倫條約」，其中一項規定即是：「藏、蒙兩國政府相互承認、尊重互為完全獨立、平等的國家，並建立兩國間的友好關係」。

(16) 見附錄之「第十三世達賴喇嘛遺囑」，頁236。

## 第四章

(1) 「嘉華仁波切」是藏人對「達賴喇嘛」的尊稱，意指「佛寶」，藏人心中「嘉華仁波切」就是活著的觀世音菩薩。

(2) 金剛舞是密咒行者修持生起次第的一個方便法門，它是由許多悟境而來，是與智慧本尊合而為一所展現的象。跳金剛舞的成員必須具有輪涅平等不二的見地，手足之間即顯露出宗教的意涵。不論舞者或觀者，皆能藉此積聚極大的資糧，並得出離三界火宅，也能降服世間的鬼神。

(3) R. E. Huc, *"Dans le Thibet,"* Souvenirs d'un voyage dans la Tartarie, le Thibet et la Chine, vol. II (Paris: Librairie Plon, 1926).

(4) A. de Riencourt, *Le Toit du monde* (Paris: France-Empire, 1955).

(5) Lowell Thomas Jr, *Out of This World* (London: Macdonald & Co., 1951).

(6) F. Spencer Chapman, *Lhasa, the Holy City* (London: Readers Union Ltd., 1940).

(7) H. Harrer, *Sept ans d'aventures au Tibet* (Paris: Artaud, 1953).

(8) Claude B. Levenson, *Le seigneur du Lotus blanc* (Paris: Livre de Poche, 1989).

(9) Thubten Jigme Norbu et Colin N. Turnbull, *Tibet, mon pays* (Paris: Livre de Poche,

1989).

(10) 察隅地處藏東南的林芝地區，位於德姆拉雪山之南，東接雲南橫斷山，西鄰墨脫大峽谷，南與印度、緬甸接壤。居民主要為珞巴族，信奉原始宗教。因有豐富的自然資源，享有「西藏江南」的美譽。

(11) 《格薩爾王傳》是藏族人民集體創作的英雄史詩，全書共有一百二十多部，一百多萬詩行，二千多萬字，是世界上最長的史詩，有「東方的荷馬史詩」之稱。它主要描繪格薩爾王一生征戰四方、降伏妖魔、造福人民的英雄事蹟，是研究古代藏族的社會歷史、階級關係、民族交往、民間文化等問題的偉大著作。

(12) 同註(8)。

(13) 密勒日巴（1052-1122）為噶舉派創始者馬爾巴的嫡傳弟子，法名「喜笑金剛」。以苦行聞名，善於歌詠，著有《十萬歌集》傳誦於世。

(14) *Tenzin Gyatso, Au loin la liberté* (Paris: Fayard, 1990).

(15) 詳見本書頁236。

## 第五章

(1) Thubten Jigme Norbu et Colin N. Turnbull, *Tibet, mon pays* (Paris: Livre de Poche, 1989).

(2) 坦特羅，即密續，亦即密教典籍，可分為四部：事部坦特羅、行部坦特羅、瑜伽部坦特羅、無上瑜伽部坦特羅，四部坦特羅所論的實修，都是藉由各類本尊像的觀想，修行到能夠現世成佛。

(3) 密宗四續指的是事部、行部、瑜伽部、無上瑜伽部等四部。這並非是不同理論的派別，而是針對四種不同心態的弟子所設計的不同方法。第一，事部密續，強調外在的清淨行為與手印，認為外在行為比內在瑜伽為重要，內容不外乎是清淨自身、消除罪業等齋戒儀軌。第二，行部密續，強調外在行為與內部瑜伽為同等重要，對象是外在的淨除儀式或是內在三摩地（定，samadhi）都已生起歡喜心的修行者。第三，瑜伽部密續，強調禪定的內在瑜伽更重於外在行為，對象是專心致力於內在禪

修，不依賴外在的淨除儀式的修行者。第四，無上瑜伽部密續，也就是最高的無上瑜伽密續，強調內在瑜伽的重要，並說明沒有任何密續可以超越它。

(4)　Claude B. Levenson, *Le seigneur du Lotus blanc* (Paris: Livre de Poche, 1989).

(5)　達賴喇嘛抵達蘭薩拉兩星期，就建立了第一所西藏兒童村，當年就有五百名孤兒，由達賴喇嘛的姊姊澤仁多瑪管理。一九六四年澤仁多瑪去世，便由妹妹傑春佩瑪繼任。西藏兒童村在各屯墾區都有分支機構，九〇年代初，共有六千多名孩子，大部分開銷改由「國際緊急救難組織」（SOS International）負擔，現今已有二千多人已大學畢業。

(6)　卡林邦是印度大吉嶺附近的一座山城。

(7)　Tenzin Gyatso, *Au loin la liberté* (Paris: Fayard, 1990).

(8)　同註(4)。

(9)　西藏律制是遵循說一切有部，比丘二百五十三條戒包括：四他勝、十三僧殘、三十捨墮、九十單墮、四向彼悔、一百一十二惡作。

(10)　一九四五年二月四日，美羅斯福、英邱吉爾、俄史達林，在蘇聯克里米亞半島的雅爾達港舉行會議，決定對德策略及戰後措施，並簽訂出賣中國的雅爾達密約，以恢復帝俄在東北的權益。

(11)　海恩里奇・哈勒是奧地利探險家，曾任達賴喇嘛的英文老師，著有《在西藏七年》（Seven Years in Tibet，後拍成電影「火線大逃亡」）、《西藏是我的國家──諾布教授個人傳記》（Tibet is My Country）。

(12)　喜饒嘉措喇嘛（1883-1968）十六歲出家，後取得格西學位，擔任第十三世達賴喇嘛的經典侍講。曾任《藏文大藏經》總校編，前後八年完成。一九三一年後，先後受聘擔任中央、武漢、北京、中山、清華等五所大學的西藏文化講座講師。一九五二年與虛雲、圓瑛大師等人發起成立中國佛教協會。主要著作為《藏族文化概論》、《喜饒大師文集》等。

(13)　一九四六年的國民大會其實是在南京舉行。

(14)　一九一三年第十三世達賴喇嘛在拉薩正式宣告西藏獨立後，中國、英國和西藏三方

代表於印度北部的西姆拉舉行會議，針對中、藏間長期來的邊界爭議進行討論，於一九一四年四月簽訂「西姆拉條約」。這項條約規定「中國將保證尊重西藏的完全自主」、「中國在西藏依舊擁有宗主權（而非主權）」，此外，英國擁有直接與西藏談判有關邊界和商務的權利。在三方簽署條約後的第二天，中國政府便拒絕承認這份草案。

(15) 一九五一年，前昌都省長阿沛阿旺吉美在北京被迫簽署和平解放西藏的《十七條協議》，原則是內政歸予達賴喇嘛和完全的宗教信仰自由，相對的條件是，「中華人民共和國」將在國際上為西藏的代表，並且承擔西藏的「防衛」責任。為了混淆西藏代表的認知，這份文件以中文簽訂。

(16) 同註(4)。

(17) 同註(4)。

## 第六章

(1) 尼赫魯（1889-1964）是印度獨立運動的領導人物，追隨甘地多年，思想傾向於社會主義，曾任國民議會議長，一九六○年印度獨立後的首任總理，提倡不結盟主義。在達賴喇嘛流亡印度時，幫助西藏流亡政府於達蘭薩拉運作。

(2) Claude B. Levenson, *Le seigneur du Lotus blanc* (Paris: Livre de Poche, 1989).

(3) 圖登吉美諾布逃離西藏後，受美國自由亞洲委員會（American Committee for Free Asia）之邀至美國客座訪問。還俗後，於一九六○年和薩迦派法王之妹Kunyang在西雅圖結婚。一九六六年任教於印地安那大學，教授西藏語文、宗教、僧侶制度和政治組織等課程，一九八七年退休後，主持西藏文化中心至今。

(4) Tenzin Gyatso, *Au loin la liberté* (Paris: Fayard, 1990).

(5) 阿沛阿旺晉美，一九一一年生，拉薩市人。中共解放前曾任西藏政府嘎倫和昌都地區總督，一九五一年任西藏赴京談判首席代表。一九五二年起，歷任中共黨政要務，最高職位至共產黨全國人大黨委會副委員長、西藏自治區人民政府主席，後因健康理由去職。

(6) 出自寂天菩薩所著《入菩薩行》（Bodhicharyavatara），隆蓮法師譯。

(7) 金剛亥母是依一尊女性神祇金剛母豬而命名，傳聞金剛亥母示現著豬臉婦身。據說十八世紀時，一些蒙古騎兵來到南江孜，首領遣話要求女住持去見他，他被禮貌地回絕了。被激怒的他強行進入寺裡，竟發現講壇裡都是和尚，而法座上的人卻有個大野豬頭。

## 第七章

(1) Tenzin Gyatso, *Au loin la liberté* (Paris: Fayard, 1990).

(2) 一九五四年，中共任命十六歲的十世班禪確吉堅贊（1938-1989）為中國全國人民代表大會副委員長和全國政協副主席。一九五六年，「西藏自治區籌備委員會」成立，中共任命達賴、班禪為正、副主任委員。一九六二年，班禪寫「七萬言書」揭露中共在西藏大量的滅族、滅教事例，文革時被中共監禁九年多。一九八九年在返回西藏視察時突然去世。

(3) 「時輪金剛」是無上瑜伽本尊，為藏密無上瑜伽部之不二續，是諸密法中最高無上殊勝法門。「時輪」即「時間之輪」，因有情攀緣三世而流轉六道，若依時輪法修持，便可化痛苦為快樂。

(4) 獸皮小舟指犛牛皮製的輕舟。

(5) 圖齊（1894-1984）：義大利藏學家，著有《西藏畫卷》（1949）、《曼陀羅的理論與實踐》（1969）、《西藏和美國的宗教》（1973，合著）等。其著述極為宏富，共計三百六十餘種，內容涉及亞洲大多數地區的歷史、文學、宗教、考古、藝術等各個領域，其中有關藏學研究的論著就有百餘種。至今在國際藏學界中，尚無人能取代其領導的地位。

(6) 水牛頭神指的是藏傳佛教的護法神「閻曼德迦」(梵語Yamataka)，漢譯為「大威德金剛」或「怖畏金剛」。藏傳佛教視祂為文殊菩薩的忿怒相，也是無上瑜伽部密續的本尊，各派均修其法，格魯派和薩迦派尤為重視。

(7) 同註(1)。

(8) Tenzin Gyatso, *Mon pays et mon peuple* (Geneva: Olizane, 1984).

(9) 布爾加寧是五○年代蘇聯政治的風雲人物。

(10) 同註(1)。

(11) 同註(8)。.

(12) 在康巴人的財產中，他們最重視的就是自己的武器。所以地方幹部一開始沒收武器時，康巴人就激烈地反抗。

(13)「曲西崗珠」是藏語「四水六崗」之意，狹義指康區、安多兩淪陷省份之合稱，廣義泛指整個西藏。此抗華運動是由藏軍正規部隊聯合康巴人所組成的曲西崗珠衛教志願軍，到處佈下分進合擊的姿態，以對付西藏境內的中共十八軍。

(14) 民主集中制是中國共產黨和中華人民共和國根本的組織制度和領導制度，民主政治中關於主權在民的思想及其選舉原則、平等討論原則、多數決定原則等，都是「民主集中制」制度建設的重要理論依據。

(15) 摩尼寶光：這是藏人所熟知的達賴喇嘛名號之一。

## 第八章

(1) Tenzin Gyatso, *Mon pays et mon peuple* (Geneva: Olizane, 1984).

(2) 陳毅當時擔任中共副總理兼外交部長。

(3) 錫金大君（Maharaja）根據《達賴喇嘛自傳─流亡中的自在》一書所提，應為錫金皇太子摩訶庫瑪（Maharaja kumar），他當時是印度摩訶菩提協會的會長。

(4) 張經武是警告達賴喇嘛，如果他與印度的反革命分子玩花樣的話，蘇聯血腥鎮壓匈牙利和波蘭抗暴運動的情況，就會在西藏重演。

(5) 這高大的石堆就是「瑪尼堆」，意為「疊石堆」。原為藏族群眾於通衢要道或山口設置的昂址和計算路程的標誌，以石塊堆砌而成。藏傳佛教興起後，信徒將刻有六字真言的石塊和壓有各種佛像的泥模置於其上，再插上經幡，遂成為過往行人巡禮的瑪尼堆。

(6) 同註 (1)。

(7) 同上。

(8) 同上。

(9) Claude B. Levenson, *Le Seigneur du Lotus blanc* (Paris: Livre de Poche, 1989).

(10) 同註 (1)。

(11) 西藏政府中僅次於涅沖護法的新結洽護法（shing-bya-can），其降神乩童是駐錫於噶東寺，所以被稱為「噶東法王」，他主要工作有兩項，一項是掌管天象的預報與控制，另一項就是預言轉世仁波切在何時何地轉生。

## 第九章

(1) 一九五九年的國際法學家委員會（International Commission of Jurists）出版的報告中指出，這些酷刑包括：釘十字架、凌遲處死、開膛剖肚、砍頭、火刑、毒打至死、活埋、倒吊、五馬分屍或綁住手腳丟入冰水。為防止被害者在綁赴刑場途中，大喊「達賴喇嘛萬歲」，還先用掛肉的勾子扯斷他們的舌頭。（參見《流亡中的自在──達賴喇嘛自傳》，頁148）

(2) 中共的將領把槍藏在衣服裡，並不公然配戴，可是一坐下就原形畢露了。（同上，頁149）

(3) 西藏古稱「蕃」。

(4) 獻上哈達是西藏傳統告辭儀式的一部分，代表贖罪和回來的意願。

## 附錄

# 第十三世達賴喇嘛遺囑

一九三三年三月

諸君皆知，要尋找我的轉世，毋須向皇帝求取金瓶掣籤。神巫及喇嘛的預言，加上我幼時所歷經的各種測驗，足以服人。因此我在很小的時候，即受證為歷任達賴喇嘛的真轉世而升座登位。

依照傳統，我的教育便由眾多上師——其中包括時任攝政的塔查喀（Tatsak）仁波切和庸振‧普綽帕‧多傑羌（Yongdzin Purchokpa Dorjechang）——來負責。有了他們為後盾，我立即全心投入了對佛教精義的學習，從最簡單的禱告到最晦澀的主題，無不涉獵。受過沙彌戒之後，我開始鑽研般若（prajna-paramita）、中道（madhyamaka）、因明（pramana）、阿毗達磨（abhidharma）和毘奈耶（vinaya）等佛學五大主要科目，也學習了如何與人辯論這些課程的要旨，藉此讓自己更加趨近它們的本義。我的功課就是那些汗牛充棟的經集和密續，而從眾明師那邊，我也得到了不計其數的指示、引導、直接傳授和秘密口傳。我從不懈息地浸淫在這個精神至上的浩瀚宇宙裡，日日夜夜，年復一年，直到我的精神完全被它盈滿為止。

十八歲那年，儘管我的狀況尚未完全成熟，但仍接到了徵召，要求我從此負起國家政治與宗教領袖的重責大任。我雖自認為還不具備這個資格，然而國內所有的政教領導人，甚至中國皇帝，都異口同聲地要求我即位，我才了解自己沒有其他的選擇。

從那個時候起，我就不得不犧牲一己的興趣和個人自由，夜以繼日地在宗教、社會和政治上，為藏人謀求福祉。這個職務絕非虛位，我的雙肩因而感

到沉重的壓力。

木龍年（一九〇五）之際，英軍向藏邊移動，開始威脅到我們的國家。對我而言，最簡單的辦法就是和英國合作，然而如此一來，亦是輕易將吾國之獨立與自主拱手他人。於是，儘管路途艱難險阻，我還是出發到蒙古以及當時仍由滿洲人統治的中國去。過去的大五世達賴曾和這兩個國家的君主建立起上師與施主的關係，而西藏與該二國的關係也一直奠定在互相尊重和扶持的基礎上。

這次的外國之行很成功。到北京的時候，皇帝和皇太后擺出盛大的陣容來迎接我。我將藏地情況據實以告，他們亦非常能夠感同身受。然而我留在北京的那段日子裡，他們兩位還是相繼駕崩，新皇帝宣統繼位。我和他談過之後，便啟程回國。未料清朝的駐藏大臣趁我尚未抵達之際，向宣統皇帝作了假報告，皇帝信以為真，竟派鐘穎率軍從藏東入侵。

身為西藏領袖，我不得不再度離開故鄉，去為國家利益奮戰。儘管途中多有不測，但我還是帶著一班政府要員，走避到聖地印度，然後在那兒請求英國政府協助我們和中國談判。英國人在這方面盡了很大的努力，但中國人還是充耳不聞。

在這種情況下，除了祈禱事情能夠早日解決之外，實別無他法。所幸真理無遠弗屆，善惡終將有報，所以我們的願望也很快就實現了。中國發生內戰，西藏情況完全改觀。駐守藏地的中國部隊再也無法獲得任何援助，就像一條

大河沒了水似地動彈不得，我們才能漸漸地讓他們遷走，把他們趕出我們的國家。

到了水牛年（一九一三），我們總算排除了所有的外國勢力，終於能夠自己做主。那是一個國泰民安的時期，百姓之間無紛爭訴訟，家家和樂。

關於這些事情，有很多紀錄。尤其這些事你們也都一清二楚，所以我也就不多說了。我之所以會提起這些，是為了要讓你們明白我對它們的觀點。在這段期間內，我為維護藏人在宗教、文化和政治上的獨特性，莫不盡心盡力。如果我的努力可說沒有白費，那我也就心滿意足了。不過我提起這些事情不是為了要你們感謝我；我唯一期待的回報是看到我們的國家強盛，我們的人民快樂。我並沒有其他的要求。

如今我年事已高，希望能夠卸下宗教和俗世的責任，以便餘生能夠專心修行，準備未來的轉世。這是一件我們人人在年增歲長之際，都該去做的事。不幸的是，這個福氣似乎與我無緣，而我也不敢辜負諸神明和眾護法對我的期望。當我下定決心並請求親師們恩准時，他們全都央求我放棄這樣的計畫；此外，大部分的西藏人此時此刻似乎只對我一個人有信心，也強烈地堅持我應該改變主意，留下來為國服務。於是我別無選擇，只好繼續擔任元首一職。

這也就是說，眼見著我快要五十八歲了，想必很快地就無法再為大家效勞了。每個人都應該了解到這點，並開始去面對我將離開人間的那天。在我的

新轉世繼任之前，國內將出現一段沒有元首的時期。

印度和中國是我國的兩大強鄰，兩者皆擁有強大的軍隊，因此我們必須與他們維持穩定的關係。另外還有幾個比較小的國家，也都在我國的邊境上部署了重兵。由此可見，我們也極需維持一支有效率的軍隊，徵召年輕的士兵並予以精良訓練，使他們具備保家衛國的能力。這個世界的眾生已經完全受五濁（註：《阿彌陀經》中說我們所住的這個娑婆世界是個五濁惡世，五濁即劫濁、見濁、煩惱濁、眾生濁和命濁）所宰制，情況嚴重到戰爭和衝突已經成為人類社會結構的一部分。如果我們對這樣的暴力充斥不思防患未然的話，生存下去的機會將很渺茫。

我們尤其應該小心那些野蠻的共產黨員。君不見凡其所經之處，莫不斷壁殘垣、人心惶恐。共產黨真可說是最惡劣的，他們不但在大半個蒙古境內殺人放火，還禁止人民尋找其宗教領袖哲布尊丹巴（Jetsun Dampa）的轉世。他們破壞佛寺，強迫喇嘛入伍當兵，否則當場處決。君不見凡其所經之處，宗教盡皆蕩然無存，連信徒取個法號都不見容。這些，想必大家都已經從庫倫（Urga，即烏蘭巴托）以及他處來的報告，有所聽聞。

再過不久，共產黨就會來到我們的門前。無論這禍端是起於我們自己人中間還是從外國來，我們遲早要被迫和他們交手。

到時候，我們應該隨時做好戰鬥的準備。否則，我們宗教與文化傳統將萬劫不復。達賴喇嘛和班禪喇嘛之名，將被遺忘殆盡，其他那些信仰所繫的轉世

者和榮耀的轉世靈童，亦將遭到同樣的命運。寺院將被洗劫一空，化為塵埃。比丘及比丘尼非受逐即受死。各大法王的著作從此亡佚，吾國之一切之宗教、文化體制將遭凌虐、消滅或失傳。藏人的權利和財產將被剝奪，我們全都會成為侵略者的奴隸，一無所有，只能像無家可歸的人那樣到處流浪。眾生將在苦海中沉浮，在無邊的痛苦和恐懼中度日如年。

所以，既然現在還是太平盛世，我們也還有能力自己做主，就應該盡一切力量來預防這場大災難。在應該以和平方式解決的時候，我們絕不訴諸武力；若是情況相反，我們對採取較激烈的手段也毫不猶豫。讓我們在為時未晚之前，奮鬥不懈，免得將來後悔。

我們國家的前途就在諸君的雙手之間。無論您是大官還是小吏，不管您是喇嘛或俗眾，師父或徒弟，我都要堅決地請你們團結起來，各盡所能地為共同的福祉而努力。光靠單打獨鬥，我們絕對無法逃過這個浩劫。請拋棄你們對彼此的敵意和個人利益，別忽視了最根本的東西。

我們應該在不違背佛祖訓示的情況下，為了全體的利益而共同奮鬥。如此一來，在受阿闍黎（Acharya，此指蓮花生大士）之命、前來幫助達賴喇嘛保護西藏人的涅沖護法神庇祐下，我們定能夠克服萬難。

就我而言，我將為全民的福祉竭盡所能。我也祝福所有那些願意這麼做的人，並為他們的奮鬥有成而祈禱。

至於那些在此危急存亡之秋卻行為不正直者，日後必將為此付出代價。若果他們的諂媚行為一時能夠替他們帶來好處，他們到頭來還是要大難臨頭。他們現在雖樂得什麼都不做，但不假多時，就會開始後悔自己的無慮無憂。到了那個時候再思任何挽救之道，皆已太遲。

我知道在我有生之年，和平和繁榮將一直佇足西藏。然後，許多苦難將從天而降，每個人都會像我上面說過的那樣，為他自己的行為付出代價。我的個人經驗和我的理智對我說這些事情一定會發生，所以我必須告訴你們。

大家已經做了不少法事，希望能夠讓我長命百歲，但對我來說，最重要的還是你們把我的話聽進去。如果過去有些錯誤已經犯下，我們就應該從中獲取教訓，並竭盡所能，奮鬥不懈。

我會繼續想盡辦法來提高我國宗教和文化的品質，並傾全力維持西藏的政治穩定。我會鼓勵那些與我齊心協力的賢能之士，為他們祈禱。如果大家同舟共濟，持之以恆，我們的人民必享安樂，我們的國運必能昌隆。

諸君曾請我為諸君建議，以上就是我的肺腑之言。我懇求諸君將這些謹記在心，凡事都以它們為原則。別忘了我說過的話，未來就掌握在諸君手中。戰勝那些該被擊敗的，並完成所應完成，此乃極其重要之事，諸君切莫將兩者混為一談。

（此法文版由 Glenn H. Mullin 譯自藏文）

## 參考書目

● 天津嘉措，《我的國家和人民》（*Mon pays et mon peuple*），Olizane，Geneve，1984：此為達賴喇嘛自傳，1962年初版。

● 天津嘉措，《流亡中的自在》（*Au loin la liberté*），Fayard，Paris，1990：年代較近、較完整的達賴自傳，資料非常豐富，不過法譯本不夠精確，是很大的缺點。

圖登吉美諾布／湯布爾（Colin N. Turnbull），《西藏，我的國家》（*Tibet, mon pays*），Stock，Paris，1969：達賴喇嘛十四世長兄眼中的西藏，對中國入侵前的生活方式有鞭辟入裡的觀察。

● 史坦（R.A.Stein），《西藏文明》（*La Civilisation Tibetaine*），Dunod，Paris，1962：進入西藏世界的必備參考書。

● 巴柯（J.Bacot），《革命西藏》（*Le Tibet Revolte*），Peuple du monde，Paris，1988：揭開雪域的神秘面紗，二十世紀初（此書初版於1912年）的法國如何看待西藏的有趣歷史資料。

● 董尼德（P.A. Donnet），《西藏生與死》（*Tibet mort ou vif*），Gallimard，Paris，1992：討論中國大陸與西藏的緊張關係。

● 論文集，《西藏，表象之下》（*Tibet, l'envers du decor*），Olizane，Geneve，1993：一本涵蓋了西藏歷史、政治、經濟和文化的集體論文集，讀者可以從中獲得一個對西藏現狀較全面的視野。

● 黎吉生（H. Richardson），《西藏簡史》（*Tibet and its History*），Oxford University Press，London，1962：作者為第一位英國代表，也是首任駐拉薩的印度代表，見聞廣博，書中對「世界屋頂」的歷史有非常詳盡的紀錄。

● 夏嘎巴（T.W.D. Shakabpa），《西藏政治史》（*Tibet, A political history*），Yale University Press，1967（1984年由紐約的 Potala Publication 重新編印）：由藏人執筆、第一本關於西藏歷史的「歷史性」著作。作者曾在拉薩政府中擔任要職（財政部長），在書中對當年施政方針有全面性的剖析。

● 范普拉赫（M. Van Walt Praag），《西藏的地位》（*The Status of Tibet*），Wisdom Publication，London，1987：最完整歷史研究，探討西藏的法律地位，以及錯綜複雜的藏、中關係。

中國觀點：

● 韓素音／拉岡（Max-Olivier Lacamp），《拉薩星蓮》（*Lhassa etoile-fleur*），Stock，Paris，1976：中國知識份子、毛澤東信徒一種幾近盲目（或說天真）的典型西藏見聞錄。

Autrement 出版社的相關出版品：

● 《喜馬拉雅》、《喀什米爾》、《尼泊爾》、《不丹》、《西藏》……（*Himalaya. Cachemire, Nepal, Bouthan, Tibet...*），Editions Autrement，coll. "Monde" HS28，Paris，1988：多不勝數的民族、語言、風俗、傳說和信仰，雖互相影響、滲透，卻又能保有各自的特質。書系主編：Marie Percot。

**Le dalai-lama**

Copyright©2003 by Claude B. Levenson
Translation Copyright©2006 by Oak Tree Publishing,
A member of Cite Publisher
All Rights Reserved.

(藏傳法王系列) 0002

# ［達賴喇嘛前傳］

| | |
|---|---|
| 作者 | 珂蘿德‧勒文森（Claude B. Levenson） |
| 譯者 | 黃馨慧 |
| 圖片提供 | 凱度頓珠（Khedroob Thondup） |
| 執行編輯 | 釋見澈‧田芳麗‧曾淑芳‧吳妍儀‧陳芷晴 |
| 美術總監 | 邱梁城 |
| 美術設計 | 舞陽美術‧邱榆鑑‧張淑珍 |
| 圖片處理 | 黃景煬‧劉鎮豪 |

| | |
|---|---|
| 發行人 | 涂玉雲 |
| 編輯 | 王珊華 |
| 行銷 | 郭其彬‧夏瑩芳‧陳玫潾 |
| 出版 | 橡樹林文化‧城邦文化事業股份有限公司 |
| | 台北市信義路二段 213 號 11 樓 |
| | 電話：(02)23560933 傳真：(02)23560914 |
| 發行 | 英屬蓋曼群島商家庭傳媒股份有限公司城邦分公司 |
| | 台北市中山區民生東路二段 141 號 2 樓 |
| | 書虫客服服務專線：(02)25007718；(02)25007719 |
| | 24 小時傳真專線：(02)25001990；(02)25001991 |
| | 服務時間：週一至週五上午 09:30-12:00；下午 13:30-17:00 |
| | 劃撥帳號：19863813；戶名：書虫股份有限公司 |
| | 讀者服務信箱：service@readingclub.com.tw |
| 香港發行所 | 城邦（香港）出版集團有限公司 |
| | 香港灣仔軒尼詩道 235 號 3 樓 |
| | 電話：(852) 25086231 傳真：(852) 25789337 |
| | E-mail：hkcite@biznetvigator.com |
| 馬新發行所 | 城邦(馬新)出版集團【Cite (M) Sdn. Bhd. (458372U)】 |
| | 11, Jalan 30D/146, Desa Tasik, Sungai Besi, |
| | 57000 Kuala Lumpur, Malaysia |
| | 電話：(603) 90563833 傳真：(603) 90562833 |
| | E-mail：：citecite@streamyx.com |
| 初版一刷 | 2006 年 1 月 |
| 初版二刷 | 2006 年 3 月 |

ISBN 986-7884-32-9
定價：380 元
版權所有‧翻印必究(Printed in Taiwan)
缺頁或破損請寄回更換

達賴喇嘛前傳／珂蘿德‧勒文森（Claude B. Levenson）著；
黃馨慧譯.--初版.--臺北市：橡樹林文化出版：家庭傳媒發行,
2006 [民 95]
面；公分, --（藏傳法王系列；2）譯自：Le Dalai Lama
ISBN 986-7884-32-9（平裝）

1.達賴喇嘛十四世（Dalai Lama XIV, 1935-　）- 傳記
2.西藏 - 歷史

226.969　　　　　　　　　　　　　93018515